서해안 골든벨트에
내 땅을 찍어라!

서해안 골든벨트에 내 땅을 찍어라!

이라희, 김현기 지음

매일경제신문사

머리말

서해안시대는 있어도 동해안시대는 없다. 본격적으로 공격적인 서해안 시대의 개막을 온 세상에 알린 건 지난 2001년 서해안고속도로가 완전히 개통하면서부터다. 서울특별시를 위시한 수도권과 충청권, 한 걸음 더 나아가 호남권까지 도로시계를 넓혔다. 그것은 현재도 진행 중이다.

이번 책에선 땅투자공간으로 서해안지역을 선정해 접근했고, 땅에 투자하기에 앞서 분명히 알아둬야 할 여러 가지 변수들을 설명했다. 또한, 군중심리에 취약한 개미투자자들이 스스로 수시로 땅투자 십계명을 만들어 시행착오를 줄여나가는 데 도움이 되도록 노력했다. 자신의 만족스러운 투자를 위해서다. 만족스러운 투자를 위해선 '부동산'을 공부하지 말고 연구 분석하는 편이 낫다. 공부는 그 자리에서 유지는 할 수 있어도(상수의 상황) 진보나 진화와는 거리가 있다. 부동산의 변수는 공부 대상이 아니다. 연구 및 분석의 대상이다.

부동산이 하드웨어 상황이라면 부동산주인은 소프트웨어 역할을 한다. 이는 부동산이 보호의 대상물이라는 증거다. 부동산은 대자연이라는 대규모 녹지공간의 일부분이기 때문이다.

인간의 사명은 대자연을 보호하는 데 있다. 이는 인간수명과 직결된다. 땅투자자에게 규제공부과정이 절실한 이유다. 대자연이 인간의 대선배이고 대선배가 이 땅에서 사라진다면 인간도 함께 사라지고 말 것이기 때문이다. 대자연은 과정이자 가치의 결과물이다.

배가 항구에 정박 중일 때는 아무런 위험도 없다. 하지만 배는 그러자고 있는 것이 아니다. 부동산도 그렇다. 아무리 움직이지 않는 동산이 부동산이라지만 움직이지 않으려고 있는 건 아닐 것이다. 여기서 배는 사람과 부동산을, 항구는 집과 녹지공간을 강조할 수 있다. 항구에 정박 중일 때 싹트는 마음은 두 가지로 분기된다. 부정적인 말과 마음인 주인의 자세, 그리고 두려운 마음인 주인의 자세로 말이다. 땅주인과 땅투자자는 긍정적인 마음의 주인이자 겁 없는 자(지역 주인공)일 것이다.

대자연은 영원한 자궁이다. 대자연은 맹지와 천륜 관계다. 대자연이 큰 도로 역할을 하고 있을 때 작은 도로 역할은 맹지 담당이다. 요컨대 부동산의 자궁은 과정이고 부동산의 꽃이란 결과를 말한다. 하드웨어인 부동산은 자궁과 꽃으로 구성된 신변보호가 절실한 자산이다. 맹지라는 부동산의 자궁은 부동산의 꽃인 아파트에 반드시 필요한 덕목(도구)이다. 접근도 높은 맹지는 분만능력을 소유하고 있다. 그러나 접근도 낮은 맹지는 석녀(분만능력 없는 여성) 상태다.

아파트 재료가 접근도 높은, 입지가 탁월한 생지인 까닭이다. 아파트가 부동산의 꽃인 이유는 의식주 중 주에 해당하기 때문이다. 아파트에 거품이 주입되고 거래절벽이 생기는 원인은 하나다.

조망권이라는 대규모의 자궁(대형 녹지공간)을 악용해서다. 부동산의 거품은 악성 종양으로 자궁암 5기에 걸린 상태다. 부동산 거품은 전염병의 습성과 습관을 닮았다. 분리와 분열을 조장하기 때문이다. 거품은 미분양의 이유이기도 하다. 거품은 거래를 막는 1급 장애인 모습이기 때문이다.

투자자가 접근할 땅의 방향과 방도는 작은 거품과 규제 강도가 낮은, 즉 접근도 높은 맹지 상태다. 개발계획의 땅엔 반드시 거품이 주입되기 마련이기 때문이다. 좋고 싼 땅을 찾는 건 무리다. 싼 땅의 특징과 비싼 땅의 특징을 바로 알고 투자를 이행하고 이해하지 않으면 안 된다. 투자자의 길이 순탄대로가 돼야지 비포장도로나 비법정도로에 잔류하면 안 되기 때문이다.

누가 뭐래도 작금은 여전히 서해안시대다. 기획부동산에서도 서해안지역을 중심축으로 땅 판매에 열을 올리고 있고 잘 팔리고 있다. 건설사도 마찬가지다. 서해안시대를 주도 중이다. 철도 개발의 중추적 역할을 하는 곳 역시 서해안이다. 내년 서해선복선전철이 완성되면서 우리는 제2의 서해안시대를 맞이할 준비를 철두철미하게 해야 할 것이다. 준비된 자만이 투자에 성공할 수가 있다.

수도권이 충청권을 낳고 충청권이 호남권을 낳는 분만구조가 땅의 최초 개발과정인 분할작업과 반드시 연동한다는 사실을 바로 인지하고 땅의 임장 활동에 임해야 한다. 자주 움직이지 않으면 현장을 정독하기 쉽지 않다.

필자가 자주 듣는 질문 중 하나가 바로 '어디에 투자해야 하나요?'다. 임장 활동 경험이 전혀 없는 하수의 우문 중 하나다. 지금은 '어떤 땅을 사야 하나요?'라는 질문이 필요한 상황이기 때문이다. 구체적인 접근이 필요하다. 이를테면 '입지'가 중요한 것이지 외모에 크게 집착하지 말아야 한다.

필자는 《난생처음 토지투자》에서 실패하지 않는 토지투자를 위한 필요 도구와 반드시 알았으면 싶은 투자 관련 공식을 설명한 바 있다. 필자가 땅을 통해 부의 길을 걸을 수 있었던 건 부자들의 과거와 현재, 그리고 미래의 가치관에 대해 소상히 공부하고 연구한 덕분이다. 부자들에게 많은 질문을 던졌고 그들을 통해 많은 것들을 체득할 수 있었다. '100억 부자가 가능할까?'하는 의문보단 관심을 가졌다. 부자들의 삶을 그대로 따라가면 된다. 집중력 있게 말이다.

필자는 그저 땅이 좋았고 사랑스러워 소중히 다뤘다. 그저 부자들의 습관을 따라 했고 그들의 습성을 좋아했다. 땅을 그저 사들였다. 땅을 사기 위해 돈을 벌었다. 그리고 그 과정에서 좋은 생각만 했다. 나쁜 생각이 들어올 수 있는 틈이 하나도 없었다. 땅에 꿈을 심었다. 그런 노력의 과정 끝에 꿈을 이루게 된 것이다.

부자들의 판단력은 일반인보다 빛의 속도만큼 빠르고 정확하다. 그리고 강렬하다. 부자들은 돈에 대한 감각과 에너지를 느낄 수 있는 센서를 장착하고 있다. 거기에 데이터 분석 동원능력까지 갖췄다.

토지투자는 소통이다. 공동체와 지속적으로 소통하고 교감하며 정보의 유입량을 늘려나가야 한다. 더불어 지식확장에 게을리해선 절대 안 된다. 타인의 높은 마인드를 엿보며 깊은 통찰력 또한 장착할 필요가 있다. 성장 중 내 '돈 그릇'이 커진다. 커진 돈 그릇만큼 돈이 채워진다. 누구에게나 삶의 통풍구 하나 정도는 구비돼 있기 마련이다. 이는 살아 있다는 증거다.

필자의 통풍구는 자연과 땅이다. 내 땅에 소중한 공간을 만들며 작은 행복으로 큰 삶의 기쁨을 맛보기를 고대한다. 소중한 여러분(독자)들과 함께 말이다.

2018년 출간 후 가장 많이 받은 질문 3가지

1. 땅은 어디에서 사는 거예요?
2. 어디에 사야 하는 거예요?
3. 어떻게 사는 거예요?

출간 후 사명 하나가 더 주어졌다.

다름 아닌 토지시장의 투명화, 종합화, 전문화를 리드하는 혁명의 길을 완수하는 것! 어떻게 하면 독자들이 좋은 땅을 공평하게 살 수 있게 도와주고 되파는 데 문제가 없게 만들까? 단순히 땅을 사고파는 시장이 아니라 권리분석, 인허가검토, 토목공사, 건축, 매도에 이르기까지 통합서비스를 받을 수 있게 할까? 여기에 토지거래에서 법무 및 세무까지….

정부는 종합서비스화를 지향하지만, 작금의 토지시장은 딴판이다. 그런 연유로 만들어진 게 바로 '토지다(www.tojida.kr)'라는 종합토지거래솔루션이다. 지주가 직접 매물등록이 가능하고 지분거래도 가능하다. 독자들의 문제를 해결하기 위해 시작한 솔루션사업은 필자를 '발명왕', '벤처사업가', '국토교통부 우수부동산사업자'로 등극시켜줬다. 여기에 토지시장의 1대1 맞춤식 통합서비스를 실현하기 위해 토지전문컨설턴트를 양성해 국내 최초로 에이전시제도를 구축할 수가 있었다.

필자는 《난생처음 토지투자》 출간 후 대한민국 국민의 내 땅에 대한 갈구를 심히 느꼈다. '토지다'라는 명명은 '토지로 꿈을 이루다'의 약자다.

두 번째 책인 《서해안 골든벨트에 내 땅을 찍어라!》는 희망이 보이지 않는 이들과 희망을 찾고 싶은 이들에게 자본시장의 새로운 기회를 열 수 있게 해줄 것이다.

'어디에 사야 하나요?' 하고 딱 한곳을 찍어달라는 주문과 부탁이 들어온다면 필자는 무조건 지체없이 서해안 골든벨트를 선점하라고 강력하게 추천할 것이다. 서해안 권역은 아동기를 지나 성장기에 접어들었고 성숙기를 맞이할 준비가 된 상태이기 때문이다.

작금은 자본시장 전반이 바뀐 지경이다.

관광과 힐링 산업의 진화가 그 좋은 실례다. 공간에 대한 혁신이 시작됐다. 이제 내 땅이 없어선 안 된다. 이제 남은 건 땅밖에 없다. 내 땅을 위해 공간사업을 통해 은퇴전략, 증여전략, 먹고 살 전략 등을 펼칠 수 있는 절호의 기회가 지금이다. 땅을 통해 임대업을 시작하고 땅으로 매월 수익전략을 짜라. 좋은 땅을 선점하기 위한 황금마중물 역할을 이 책이 할 것이라 확신한다.

이라희, 김현기

차례

3장 | '변수의 마술사' 땅의 매력과 강점

4장 | 실패를 방어할 땅투자 십계명

5장. 서해안에 집중하지 않으면 안 되는 20가지 이유

부 록

맺음말

1장

기분(분위기) 대신
기본에 충실하라

초보자가 반드시 견지해야 할 덕목

토지투자의
두 가지 형태

　토지투자는 두 가지 형태다. 현재가치에 투자하는 것(실수요가치에 집중하는 것)과 미래가치에 투자한다. 전자는 리스크 수위가 낮고 후자는 리스크 수위가 높다. 현재가치는 눈앞에서 볼 수 있지만, 미래를 볼 수 있는 사람은 아무도 없기 때문이다. 그러나 전자의 경우 리스크 수위가 낮은 대신 경제적으로 부담감(개발 및 사용비용 소요)이 커 대다수 소액투자자와는 거리가 멀다.

　현재가치에 투자하는 경우 → 서류의 변화보단 현재가치(용도와 지목을 당장 사용한다)를 십분 활용하는 데 집중한다. 변화보단 지금 당장 활용하는 데 집중한다. 지적도상의 도로가 투자의 정답이다. 정도다. 토지이용계획확인서와 지적 및 임야도에 따라 투자를 결정한다. 주변가치를 볼 여유가 없다. 현재의 존재가치의 재료가 바로 두 가지 서류이기 때문이다.

　미래가치에 투자하는 경우 → 서류의 자태보단 서류(토지이용계획확인서와 지적도 등)의 변화(지역변화)에 집중한다. 변화를 즐긴다. 변화를 학수고대한다. 용도지역의 변화는 개발청사진의 힘에 의해 일어나는 사안이자 사건이기 때문이다.

현재가치에 투자하기의 실례 → 전용과정

(농지 및 산지전용과정 밟기 - 농지와 산지를 대지화시키는 일련의 과정)

전용과정은 건축행위의 일부분이다. 마치 지목변경과정과 형질변경과정이 전용과정의 일부분인 것처럼 말이다.

당장 땅가치를 높여 가격을 올리기 위해 지목변경과정을 밟기도 한다. 이는 인위적으로 환금성을 높이기 위한 노력의 과정이기도 하다. 이때는 토지이용계획확인서와 지적도가 매우 중요하다. 용도지역과 도로상황이 생명과도 같기 때문이다. 지적도를 통해 입지 관찰이 가능하다.

미래가치에 투자하기의 실례 → 국책사업에 집중해야 하는 상황이다. 이때는 서류보다 개발청사진의 타당성이 중요하다. 지적도보단 현장답사과정에서 개발의 가능성을 타진한다. 현재가치를 볼 땐 현미경이 필요하나 미래가치를 타진할 땐 망원경이 필요하다. 다만 보는 눈의 차이가 커 투자자는 항시 긴장해야 한다. 방심은 절대 금물이다. 방심은 의심과 관심 사이에 기생하는 불규칙적인 마음 상태이기 때문이다.

현재가치에 투자하기엔 두 가지 상황이 있다.

1. 자신이 직접 개발해 환금성을 스스로 높인다. 비용부담이 크지만 자극적이지 않아 안전하다. 적극적이며 능동적이기 때문이다.
2. 오로지 현재가치에만 투자해 새로운 실수요자(사용자, 개발자)를 모집(매도 작업)한다. 중개업소에서 모색한다. 투자가치보단 중개행위에 집중하는 모양새다. 지극히 자연스럽지만, 수동적이다.

분할의 힘은
나눔의 가치

땅의 최초개발행위는 분할과정이다.

사람과 토지엔 공통점이 숨어 있다. 나눠야 그 힘이 비로소 배가 된다는 사실이다. 움직이지 않는 사람과 토지는 유명무실하다. 죽어 있는 상태다. 나눔의 힘은 가치를 극대화할 기회다. 나눌수록 그 힘과 역량, 역할이 극대화되는 것이다.

인간 최고의 선물인 '사랑' 역시 그 가치를 나눌 때 그 역량이 그랜드하게 발휘되는 것이다. 나눌수록 커지는 게 또 있다. 그건 토지분할이다. 큰 땅의 분할 가능 여부가 그 지역의 미래가치와 현재가치의 기준이 되기 때문이다.

땅은 클수록 분할이 힘들고, 분할작업이 가능한 경우 활용도가 높아진다. 건축가능여부는 분할작업, 도로의 활용도, 입지의 활용성 등과 일맥상통한다. 분할작업은 주변가치를 정리정돈할 기회다. 이럴 땐 '정리'가 곧 '순리'다. 자연환경이 쾌적해지기 때문이다. 분할작업은 크고 작은 모든 개발의 시발점이다.

부동산의 정리 작업이란 녹지공간 확보과정이다. 공기의 공간을 확보한다. 정리가 곧 진리인 셈이다. 정리를 실패한 경우가 바로 난개발이나 미분양현상 등이기 때문이다.

부동산의 정리 작업(정지·整地)이란 분할작업과정을 말한다. 행복 공간 확보를 위한 시발점이다.

예) 공간의 확보(녹지공간+주거공간)

아이러니한 건 주거공간 없는 녹지공간은 생명력이 유지되나 녹지공간 없는 주거공간은 하루도 버틸 수 없다. 즉, 주거지의 어머니가 녹지라는 것이다. 녹지가 주거지를 분만하기 때문이다.

녹지처럼 완성도 낮은 땅을 개발해 궁극적으로 주거지와 같은 완성도 높은 부동산을 조성한다. 이 순리를 어길 수 없다.

땅투자자에게
녹지공간(규제공간)이란?

땅투자자에게 가장 중요한 사안은 개발계획 및 기획과정의 타당성을 정확히 검토한다. 잘못 검토하면 큰일 난다. 개발 가능성과 그 효력을 가늠할 평가기준을 결정, 정립하는 건 투자자의 임무다.

개발의 타당성이란 마치 개발계획을 발표하는 위정자의 개발공약처럼 아주 중요한 사안이다. 공약 실현가능성을 가늠하는 건 투자자의 몫이다. 비현실적인 개발공약을 발표하는 위정자는 투자자의 발목을 잡기 마련이다. 따라서 개발의 타당성과 위정자의 개발계획은 반드시 비례하므로 투자자는 항시 이 점을 눈여겨보지 않으면 안 된다. '타당성'은 언제나 '접근성'과 연을 맺는 것이다. 한 번도 떨어져 본 적 없을 정도로 친분이 두텁다. 불가분의 관계다.

접근성(입지, 도로와의 연계 관계)과 인구 활용도의 인과관계를 살펴봐야 한다. 개발이 완료된 상태지만 여전히 인구유입이 미진한 경우가 있다면, 그 원인분석을 정밀하게 해야 한다. 이 역시 투자자의 몫이다.

질병의 원인 진단이 힘들다면 곤란하다. 개발은 '지역 궁합을 조율하는 과정'이다. 궁합 일치가 되지 않는 것이라면 난개발이 되고 말 것이다. 음식 궁합이 안 맞으면 식중독에 걸릴 확률이 높듯 지역 궁합 역시 안 맞으면 안 된다. 질병에 걸린다.

남녀 간 사랑의 결실이 2세 탄생이라면 지역사회와 지역경제 간 사랑의 결실(재개발공간의 확보과정)은 대규모 새 아파트 단지의 탄생이다.

개발은 공간을 움직이는 과정이다. 공간 사용이 곧 개발과정이다. 공기(큰 공간)와 용적률(작은 공간) 사용이 바로 그것이다. 공간의 문은 기회의 광장이다. 투자의 공간이 되기도 한다.

공간의 문은 두 가지로 분류가 가능하다.

1. 도로는 공기의 문이다. 대자연과 녹지공간의 대문(큰 도로)과 창문(작은 도로)이 곧 크고 작은 각양각색의 도로 모습인 셈이다.
2. 대문 – 건축물 입구로 자신의 존재감(건폐율과 용적률을 사용했다는 표징)을 외부로 표출한다.

즉, 공간의 문은 공기의 문인 도로와 건축물의 문으로 분류되는데 중요한 건 공기의 문이다. 가슴 속에 명기할 건 대도시의 문은 대자연(규제공간) 안에 단단히 갇혀 있다는 사실이다. 대자연 없이는 대도시가 탄생할 수 없는 구조이기 때문이다. 대자연은 영원한 도시개발의 도구다.

땅이 아파트의 재료인 것처럼 대자연은 대도시의 영원한 재료다. 완성도 낮은 부동산이 완성도 높은 부동산을 분만하는 건 오래된 자연의 법칙이다. 이런 원리를 안다면 규제를 두려워하거나 무서워하지 않을 것이다. 대자연은 규제의 공간이기 때문이다. 규제강도가 대부분 높아 장기규제공간으로 잔존하고 있다. 예컨대 물과 관련된 규제인 상수원보호구역 등은 해제 가능성이 희박하다.

개발의 궁극적인 목적은 인물(인간)과 지상물(부동산)의 인과관계를 구축하고 정립한다. 이로써 또 하나의 행복 공간이 탄생하는 것이다.

실수요 및 투자가치를 행복의 재료로 응용하는 사람들을 예비부자로 인정하는 게 현실이다. 부동산을 긍정적으로 접근해야 하는 이유다. 부동산의 잠재성을 부정적으로 접근하면 부자와는 거리가 멀기 때문이다.

행복의 공간은 위정자가 만들어주지 않는 것이다. 내가 수시로 스스로 만든다. 그러한 자신감은 부동산의 현장감과 박진감으로 연결된다. 성공적인 부동산을 마련할 수가 있다.

범례)

1. 주거인구를 위한 주거시설(잠자리) 마련

2. 고용 인구를 위한 공업시설(일자리) 마련

3. 유동 및 상주인구를 위한 상업시설(먹거리와 편익 공간) 마련

4. 관광인구를 위한 녹지시설을 업로드 시키는 과정(놀거리와 즐길거리 등
   여유 공간과 힐링공간, 숙박시설 마련)

주택과 토지의 역사

　역사(과거)의 재료는 시간과 공간(부동산)과 사람(인간) 간의 공감이다. 사람 없는 역사는 없다. 역사는 사람이 남기는 기록과 기억이기 때문이다. 사람은 시간의 주인이자 시간 사용자다. 시간사용법이 곧 부동산노하우인 셈이다. 시간을 남용, 난발하는 자가 곧 투자에 실패한 자다. 시간을 십분 활용할 능력자가 바로 성공한 투자자다.

　인간에겐 잠재력이라는 고유의 힘이 있다. 잠재력은 마치 신과 같아 눈에 보이지 않는 것이다. 우리가 사물을 접할 땐 잠재력의 차이가 크다. 자동차의 역사는 존재하나 부동산 역사는 존속할 수가 없다. 잠재력의 차이다. 공산품(소모품)과 부동산의 차이다.

　소모품의 잠재력은 전무한 상태다. 보전가치보단 존재가치에 집중할 수밖에 없기 때문이다. 부동산은 보전가치(규제와 통제 사이)와 존재가치가 공존, 서로 연계된다. 잠재가치와 희소가치를 열망한다. 응원하는 입장이다.

　소모품(공산품)은 정찰제를 실시(존재)한다. 공산품 가격이 매일 변하는 경우는 없다. 그러나 부동산 가격은 매일 변할 수 있다. 정찰제가 존재할 수 없는 구조다. 인공적으로 만든 규제를 통해 정찰제를 만들려고 노력하나 그건 한계에 반드시 부딪친다. 예컨대 분양가상한제를 통해 가격정찰제도를 시행하는데 현실에 맞지 않는 것이다. 땅값과 건축비 이외는, 즉 주변가치 등 변수를 전면 무시하려고 한다. 자본주의사회 성격과 맞지 않는 제도다. 무지한 규제다. 무늬와 색깔은 자본주의인데 속성과 속살이 사회주의라면 제대로 된 제도라 할 수 있는가?

부동산 정찰제가 무의미한 건 분양가상한제의 상한선, 그리고 개별공시지가 등의 가격기준선(기준시가)이 너무 광범위해서다. 부동산가격이 만들어지는 건 '변수'를 통해서다. 변화와 진화가 가격조성의 재료인 셈이다. 이것을 인위적으로 막을 수 없다. 마치 손바닥으로 하늘을 가리는 격이다. 하늘이 하는 일(변수)을 어찌 인간이 막을 수 있겠는가. 부동산가격을 부동산주인이 일방적으로(이기주의) 정할 건 '변수'라는 대의명분 때문이다. 공산품 주인이 공산품 가격을 일방적으로 정하는 경우는 절대로 없다.

더욱이 토지(생지, 맹지)값의 경우 불투명하고 부정확해 매일 오를 수도 있다. 물론 지주 권력(의지)에 의해 말이다. 환금성은 추후의 문제다. 투명성이나 신뢰도가 낮아 토지의 환금성은 떨어진다. 아파트처럼 수명이 정해지지 않아 문제다. 땅 입장에선 가격에 대한 기준선은 사치다. 주택의 경우 아파트 재건축과정이 필요하다. 용적률 자체가 공산품처럼 소모품의 성격을 빼닮아서다. 주택 수명 때문이다.

길어야 40년이다. 장수시대인데 100년 넘은 아파트 찾기가 힘들다. 시간에 지배받지 않는 토지 대비 아파트는 시간이 곧 독인 셈이다. 늙으면 낡아빠져 못 쓰게 된다. 마치 이빨 빠진 호랑이처럼 힘을 쓰지 못한다. 존재가치인 사용가치가 낮아지기 때문이다. 그러나 재기할 기회가 찾아온다(재건축 대상의 물망에 오른다. 새로운 가격을 쓸 수 있는 기회다). 시간이 곧 변화의 시작을 의미하기 때문이다. 아파트가 소모품이 아닌 까닭이다.

주택의 역사는 정해진 상태다. 토지의 역사를 100% 정확하게 알고 있는 사람은 없다. 토지는 역시 대자연의 일부 혹은 전부이기 때문이다. 주택 수명은 존재하나 토지 수명은 절대적으로 존재하지 않는 것이다. 가격 기준이 없듯 수명기준도 없다. 부동산 중 유일무이하게도 미완성물 아닌가. 보호자(지주)의 힘이 거의 땅의 일생을 만든다고 해도 무방하다. 지주의 창의력과 기획력에 의해 땅의 운명이 정해진다. 더불어 지주 운명도 정해진다. 땅값이 오르면 지주의 위치(신분)도 변하지 않는가.

대지 지분의 지상권은 영원하다. 아파트 등 지상물이 소모품(공산품)이 아닌 까닭이다. 대지는 경험 많은 토지다. 토지는 모든 건축물, 지상물의 재료다. 주택거래량보다 늘 앞서는 이유다. 법인거래든 개인거래든 늘 토지거래량은 많다. 땅 잡기 힘들다. 부동산의 꽃이 아파트이고 토지공부가 부동산의 기초인 까닭이다.

토지 위(지상권과 지상물 관계)에 건축행위를 한다. 토지는 마치 도화지와 같은 존재다. 도화지에 개발청사진과 조감도라는 수채화 작품을 만든다. 국가나 지자체, 개인이든 그림 색깔은 다르나 그림 그리기를 한다. 토지거래량이 많을 수밖에 없다. 땅(도화지)을 먼저 매입한 후 건축과정을 밟는 것이다(조감도 그리기 작업과정착수).

땅과 도로 없이는 지상물이 생길 수 없다. 도로는 지목 중 하나이자 일종의 기반시설이다. 땅의 종류 중 한 가지다. 땅의 일부로 가장 중요하다. 도로가 모든 부동산을 지배한다. 기본 중 기본이라 기반시설의 일부라고 명명한다. 주택은 도로관계 대신 교통관계에 집중하고 토지는 교통관계보단 도로관계와 그 연속성에 주력한다. 완성물인 주택과 미완성물인 토지의 차이다.

규제에 관심 없으면
투자하지 마라

우리의 일상은 규제와 통제(법과 원칙이라는 약속)에 따라 움직인다. 규제의 명령을 행동으로 보여주지 않으면 크게 다칠 수 있다. 각 개인의 인생도 마찬가지로 적정한 규제와 규율, 약속 속에서 움직인다.

의식주 중 주에 해당하는 부동산도 이와 다르지 않아 규제 안에서 모든 사안과 상황이 움직인다. 변수가 발생한다. 규제와 규칙은 배다른 형제 관계다. 규제와 통제에 무관심하다면 굳이 투자할 필요가 없다. 규제를 이해하지 못하는데 무슨 일이 되겠는가. 규제에 관심을 가져야 투자자가 될 수 있다. 규제 강도가 낮은 모든 공간(예−접근성 높은 맹지상태)은 개발대상이 될 기회의 땅이기 때문이다.

우리는 '대자연'이라는 대형 규제 속에 속해 있다. 누구도 예외 없다. 대자연 자체가 바로 규제의 대상물이요, 이 대형공간이 곧 개발대상(개발의 원자재가 곧 규제 및 규제의 공간인 셈)이다. 우리가 제대로 바로 알아야 할 사안은, 대자연은 신의 가치(영역)요, 대도시는 인간의 영역이라는 사실이다.

대자연은 신이 만들어놓은 걸작으로 항시 순리를 따른다. 순리를 거부할 때 대형사건사고가 발생한다. 대자연과 달리 대도시는 인간이 만든 작품으로 합리를 따른다. 대자연(물과 산)은 신적인 요소가 가미된 상태다. 함부로 사용하지 못하는 이유다. 개발가치 대비 보호의 가치가 훨씬 높기 때문이다.

대도시엔 왜 규제가 필요한가. 성장가도를 달릴 기회를 왜 일부러 막는 걸까. 규제의 목적이 일방적으로 기회를 박탈하는 걸까. 아니다. 대도시가 밀집돼있는 수도권 안의 규제 목적은 '정리'라는 순리를 따르는 것이다. 그 모태가 바로 '수도권정비계획법'이다. 과밀억제권역, 성장관리권역, 자연보전권역 등을 적극 동원해 물리적 오염을 통제한다. 적정한 배치구도를 정해 해당지역주민들의 육체적, 정신적 건강의 안전을 도모하는 게 규제 목적이다. 더 나아가 경제적 건강상태까지 체크할 수가 있는 게 곧 규제와 그 범위다. 과욕은 금물! 방심도 금물!

규제가 대자연과 직결된다면 개발은 사람과 관련 있다. 규제가 곧 통제인 건 신의 통제가 없다면 이 땅은 인간의 난개발 온상으로 변질될 게 분명하기 때문이다.

결국, 규제는 신의 소관이고 개발은 인간의 소관이다. 신이 만든 규제의 영역을 통해 인간은 개발과정을 밟는 것이다. 규제는 인간의 끝없는 욕망을 조율, 조정하는 법률 기구(도구)다. 대자연의 통치(정치) 아래 개발방식을 이행, 실행, 착수한다.

개발완료 시 녹지공간(대자연)이 광대한 이유다. 녹지 안에서 개발행위가 이뤄지다 보니 자연스레 최초 비용이 적게 든다. 녹지 안에 주거 및 상업지가 형성, 구성되는데 이때 규제(강렬한 규율)에 의해 미분양 및 공실현상을 방지할 수 있다. 리스크를 최소화할 수 있다. 만약 규제가 없다면, 녹지공간이 너무 비좁아 높은 공기오염도로 인해 많은 사람이 건강하게 살 수 없을 것이다. 삶의 질에 문제점이 발생한다.

2022년 7월 현재, 대한민국의 주거지 비율은 15%, 상업지는 1.9%, 녹지와 공업지는 각기 71%와 6.7%다.

산(山) – 농지(전·답 과수원 목장용지)의 재료

농지법에 의해 농지는 반드시 사용해야 한다. 사용하지 않고 놀고 있는 농지는 단속 대상이다. 산은 전 국토의 63%를 차지하고 있다. 개발을 많이 하다 보니 최근까지는 64%였으나 많이 줄어들었다. 아마도 이런 추세가 계속 이어진다면 63%라는 벽도 금세 무너질 것이다.

(註) 헌법 제121조(경자유전의 법칙–농업인이나 농업법인만이 농지를 소유할 수 있다)

만약 규제라는 법과 원칙(자연에 대한 인간의 약속)이 없었다면, 국토 자체가 이미 온통 난개발로 몸살을 심히 앓고 있을 것이다. 국토가 그나마 숨 쉴 수 있는 여유 공간 확보가 가능한 건 규제 덕분이다.

적절한 규제는 미분양아파트와 상가공실을 미연에 방지하는 효력이 있다. 규제의 의미는 다분하다. 통제와 자제, 그리고 개인의 일탈 등을 막는 다용도의 역할을 하고 있기 때문이다. 절제된 개발형태야말로 큰 의미가 있다. 정확한 배치구조를 기대할 수 있기 때문이다. 규제의 활용은 국토의 효율화를 극대화하는 데 그 목적이 있다. 그것이 규제의 존귀한 존재가치다. 개발가치 그 이상으로 중차대하다. 토지이용계획확인서의 규제상황을 반드시 알아봐야 하는 이유다.

가령 상수원보호구역 인근의 땅 가치(개발가치 < 보호가치)는 낮지만, 군사시설보호구역은 충분히 알아볼 가치가 있다. 군부대협의지역(통제의 영역)과 행정위탁지역(절제의 영역)으로 분류될 물리적 여유 공간이 있기 때문이다. 탄력적인 개발이 가능하다. 군사 1번지인 강원도 철원군(100% 군사시설보호구역으로 구성)과 경기도 연천군(95% 이상 규제)을 무조건 개발에서 배척할 필요가 없다.

규제는 초보자의 발목을 잡는 것이다. 일부 투자자들의 강한 선입견 때문이다. 규제의 공간인 산과 강이 조망권의 재료로 사용되는 경우 프리미엄이 형성돼 거품이라는 새로운 형태의 규제가 발생하곤 한다. 강변이나 해변의 아파트에 거품이 심하게 주입되는 이유다. 규제의 공간이 프리미엄으로 극화되는 경우는 부지기수다.

결국, 규제의 종류는 두 가지로 분류가 가능하다. '거품상태'와 '맹지상태'가 바로 그것이다. 투자자입장에서 이 두 가지만 완벽하게 분석해도 성공투자의 길을 걸어갈 수가 있다. 거품은 큰 거품과 작은 수위의 거품으로 나뉘고 맹지 역시 접근도 높은 맹지와 접근도 낮은 맹지로 나뉘는 상황이기 때문이다. 맹지도 중요하다.

맹지를 모르면 투자를 포기하라! 맹지(생지)가 바로 개발의 기초가 되는 땅이다. 개발의 재료가 맹지인 건 개발이란 사업성과 경제성 모두가 만족스러워야 하기 때문이다. 최소비용으로 시작하는 건 당연한 경제논리다. 의심의 여지가 없다.

초보자들이여, 규제에 관심조차 갖기 싫다면 투자를 포기하라! 규제는 관심의 대상이지 의심의 대상이 아니니까. 개발공부에 앞서 규제공부부터 시작하는 게 투자의 순서, 순리다. 개발은 반드시 규제해제공간으로부터 발견, 발현하는 가치다.

땅투자자가
될 수 있는 힘!

　수도권에서 공장설립절차가 복잡하고 까다로운 건 규제의 온상이기 때문이다. 수도권정비계획법에 의거해 보호가 절실한 지경이다. 수도권의 규제가 수도권지역의 물 보호 역할을 하고 있다. 단순한 규제의 문제가 아니라, 수도권 인구의 식수난을 해소하기 위한 원대한 명분이 있는 것이다. 즉, 난개발은 식수난을 가중시켜 해당지역 모두를 병든 땅으로 변질시킬 게 빤하다. 예고된 재앙을 방어하기 위한 최후수단이 수도권정비계획법과 규제다. 예컨대 상수원보호구역을 통해 지속적으로 사람의 건강에 집중할 수 있다.

　부동산매수자가 개발가치와 더불어 규제가치(보호가치)도 견지해야 하는 건, 규제엔 두 가지 의미를 내포하고 있어서다. 통제와 자제로 말이다. 통제는 규제강도가 높다 보니 억제력이 강하고 자제는 규제강도가 낮아 절제능력이 탁월하다. 자제가 곧 난개발을 방어할 기회. 규제와 자제가 또 다른 형태의 기회의 공간을 만든다. 고수들이 규제의 땅을 마구 사들이는 이유다. 수도권 내 그린벨트 땅을 마구 사들이는 고수의 맘을 하수가 알 리가 만무! 고수가 그린벨트 공간에 접속할 건 규제 공부를 철저히 했기 때문에 가능한 일이다. 규제를 제대로 분석할 필요가 있다. 규제공부를 잘하면 정신적인 여유가 생긴다. 규제공부를 안 하면 규제를 애써 피한다. 규제를 공포의 대상으로 여겨 가슴 속에 큰 선입견이 자리를 잡고 만다. 투자가 힘들어진다. 규제를 피한다는 건 투자를 피한다는 의미다. 투자 목적으로 움직이는 땅 대부분은 규제공간 안에 있기에 하는 말이다.

요컨대 규제의 목적은 해당지역 인구의 건강을 보호하고 난개발을 방지한다. 그에 따라 공급과잉을 해소할 수 있어 미분양과 공실률을 줄일 기회가 찾아온다. 이는 국토의 효율성을 극대화하는 힘이 된다. 건강한 땅과 사람을 만드는 모토가 곧 규제의 존재가치다.

보호의 가치와 개발의 가치 중 보호가치에 집중해야 한다. 규제는 투기와 거품조장을 방어해 부동산거래의 투명성과 신뢰성을 높이는 데 이바지하고 있다. 이것이 바로 규제의 높은 존재감과 규제의 목표다.

땅투자할 사람과 그렇지 못한 사람은 확연히 구분된다. 규제를 오해하는 사람과 규제를 이해하려 애쓰는 사람이 있다. 전자는 영원히 투자할 수 없는 투자와는 요원한 사람이요, 후자는 투자자의 모습이다. 투자를 염원한다.

규제를 이해할 사람은 국토의 특징을 잘 알고 있다. 전 국토가 맹지와 규제의 온상이라는 사실 말이다. 현실을 제대로 정독할 때 미래가 보이는 것! 현실을 모르면 미래를 볼 수 없다. 현재의 가치가 미래가치를 낳기 때문이다(예—규제가 시제와도 연관성이 있는 것). 국토는 물과 산으로 뒤덮여 있기 때문이다. 환경오염으로부터 구제할 방도가 바로 규제인 셈이다. 규제 없는 땅은 십중팔구 투기판과 거품으로 중무장될 것이다. 병든 땅과 사람으로 포장돼있는 공간으로 전락할 것이다. 땅투자자가 반드시 인지할 부분은 규제 없는 땅을 찾는 것이라면 절대로 땅투자자가 될 수 없다. 규제 없는 땅을 찾는 건 마치 거품 없는 개발지 땅을 찾는 행위와 같은 것이다. 현실을 애써 도피, 외면한다.

투자는 현실이지 가상과 가설이 아니다. 인생에 예행연습 없듯 투자에도 연습이 없다. 매번 매사 실전이다. 긴장해야 하는 이유다. 방심이 금물인 이유다.

땅주인이 될 수 없는 요소와
땅 사기 안 당하는 방법

　땅주인은 누구나 되는 건 아니다. 땅주인은 부동산 규제(난제)를 이해할 힘이 있지만, 땅에 관심조차 없는 사람에겐 그런 힘은 사치에 불과하다. 알아보지도 않고 우선 오해부터 하기 때문이다. 가령 기획부동산이 가진 성질을 알아보지도 않고 무조건적으로 무시하는 건, 투자의 시계에선 절대로 용납할 수 없는 패악한 행동이다. 소액투자자 입장에선 기획 자체가 또 다른 기회가 될 수도 있기에 하는 말이다.

　요컨대 이해와 오해의 차이가 곧 투자자와 '비투자자'의 차이다. 투자자는 규제와 거품에 대해 이해를 잘하나 비투자자는 무조건적으로 오해를 하고 만다. 이해는 진보와 진화를 낳고 오해는 부정을 낳는 것이다는 사실을 모르는가! 부동산 시계에서의 오해는 퇴보와 퇴화를 의미한다.

　부동산의 규제란, '문제(새로운 숙제)'를 의미한다. 그 문제를 푸는 게 개발(혹은 투자)이다. 문제를 풀 해결방법이 곧 부동산노하우다. 개발이 투자요, 투자(자) 없는 개발은 이 땅에 없다. 아무런 의미가 없기 때문이다.

　큰 문제는 풀기가 힘들지만 작은 규제(문제)는 풀기가 쉽다. 작은 규제란 규제강도가 낮아 의지만 있다면 풀 수 있다. 해제가 가능하다. 지자체의 개발의지와 개인의 개발의지(실수요가치)가 곧 해제를 의미한다.

작은 규제의 부동산이란 개발대상을 의미한다. 접근성이 높은 맹지가 곧 개발대상물이다.

작은 규제는 두 가지 의미(의지, 목적)를 품고 있다.

1. 단기규제 - 투기를 일시 잠재우는 것이다. 자제를 시키기 위한 것으로 마취효과와 같아 지속력이 약하다(예-토지거래허가구역지정). 반드시 규제기간이 정해져 있기 때문이다.
2. 장기규제지역 중 입지가 탁월한 경우(예-접근도 높은 맹지와 접근성 높은 그 린벨트는 개발 가능성과 잠재성이 높다)

부동산의 큰 규제란 사람 접근조차 불가능한 절망적인 상태를 의미한다. 입지가 안 좋은 맹지(오지)가 그에 해당한다. 예를 들어 민통선과 근접한 거리의 자리로 군부대협의지역의 군사시설보호구역을 말한다. 민통선은 마치 바이러스와 같아 사람접근금지 영역이다. 거품 역시 바이러스 습성을 지니고 있어 사람 접근을 허용하지 않는 것이다. 큰 거품과 작은 거품 중 큰 거품은 미분양을 야기한다. 거품은 거래의 방해요소다.

규제의 의미(좌표)를 제대로 이해하는 건 투자자의 사명이다. 규제는 역시 자제의 의미를 내포하고 있기 때문이다. 자제는 난개발방지의 좌표로 쓰이며 무분별한 개발을 좌시하지 않겠다는 의지의 표현, 표명이다. 난개발은 공급과잉과 미분양, 그리고 해당지역 주거인구의 건강에 치명상을 입히기 때문이다.

땅투자자가 주변가치와 그 외적요인에 민감한 이유는 지역 랜드마크와 내 땅과의 거리 그리고 혐오시설물과의 거리에 집중하지 않으면 안 되기 때문이다.

사기에 크게 노출되는 사람에겐 특징이 있다.

평소 균형 잡힌 공부를 하지 않는 것이다는 점이다. 규제공부를 중략한 채 오로지 개발공부에만 집중한다. 착각이다. 공격(개발)만 생각하지 말고 방어(규제)도 생각해야 한다. 부동산거래시장의 기습공격(나쁜 변수)에 대비하기 위해서다.

부동산의 장점공부도 중요하지만, 더욱더 중요한 건 약점과 맹점을 파고드는 것이다. 부동산과 국토엔 맹점과 맹지가 많다. 부동산 성공과 대박을 공부하고 있지만, 실패에 대한 방어(공부)를 하지 않아 나쁜 사람들의 먹잇감이 될 수 있다. 규제공부로 완전무장한 사람에겐 나쁜 사람이 접근조차 하지 않는다. 가슴 속에 방어벽이 이미 구축돼있는 상태이기 때문이다.

'규제'와 '개미'는 나쁜 사람들의 먹잇감이다. 응용 대신 악용을 일삼는다. 응용과정은 상생과 공유를 의미하고 악용은 독식과 독재를 의미한다. 사기꾼은 해제 가능성이 매우 낮은, 즉 규제의 강도가 높은(접근성이 낮은) 땅만 취급해 사기에 크게 노출돼있는 개미를 호출한다.

규제 강도가 높은 구제(해제)가 불가능한 땅에 강한 거품을 주입하고 만다. 겉으로는 명품 땅으로 보이나 실상은 다르다. 개발청사진을 침소봉대하면 거품이 주입된다.

따라서 거품도 규제의 일종으로 인정해야 한다. 좋은 땅을 적정 가격에 접근하는 게 성공투자의 지름길이기 때문이다. 규제의 종류와 거품의 종류가 같은 의미다. 즉, 규제도 큰 것과 작은 것으로 구분하지만, 거품 역시 크기가 존재한다. 스스로 분류해 실패하는 일이 없도록 하자.

개발지역이라고 해도 큰 거품에 땅을 매수하면 안 된다. 가령 평당 100만 원(작은 거품)에 매입해도 무방할 땅을 500만 원 이상의 가격으로 매수했다면 내 땅의 미래는 어떻게 되겠는가. 미래예측이 가능한가?

군중심리에 크게 노출돼있는 게 부동산이다 보니, 가성비와 가심비는 비례한다. 환금성과 관련 있기 때문이다. 규제공부를 철저하게 하는 건 나쁜 사람들의 접근을 방지하기 위한 것도 있지만, 더욱더 중요한 건 통상적으로 규제지역을 해제해 개발하기 때문이다. 새로운 지역을 개척하는 과정에서 상업지와 같이 완성도가 매우 높은 땅을 개발하는 일은 절대로 없다. 시공하는 건설업자도 부동산 통해 재테크하는 입장 아닌가. 재테크 색깔만 다를 뿐 수익창출이라는 목적은 개인투자자와 동일하다.

다만 재개발과정은 다르다. 그건 완성도 높은 땅을 다시 개발하는 과정이기 때문이다. 대지 지분을 이동시키는 것이다.

신도시나 택지개발과정은 맹지를 통해 개발과정을 거치는 것이다. 이때의 맹지는 지역 랜드마크와의 접근성이 높은 상태를 말한다. 사업자건 투자자건 수익성을 기대하는 건 마찬가지 입장이므로 손해 보는 일은 거의 없다. 거품만 주의하면 그만이다.

우리나라 아파트엔 실수요 겸 투자자가 산다. '거주기간'이 곧 '투자기간'인 셈이다. 애초 100% 실수요목적으로 입주했다 해도 단기간 내 거품이 주입된다면 생각(아이디어)이 바뀌기 십상이다. 군중심리에 약한 게 인간 아닌가. 인간은 아이템에 의해 아이디어가 반출된다. 이때 허욕을 허용하는 경우가 발생한다면 십중팔구 사기사건이 발생한다. 콩 심은 데서 반드시 콩 난다. 노력 안 하고 대박과 대운을 노리는 어리석은 맘은 주변 휴지통에 지금당장 버리자!

그것이 실패와 후회 따위를 하지 않는 방법이다.

집주인과 땅주인의
자격조건

국토를 분류하는 방법은 다양하다.

분류방법의 기준이 정해진 건 아니나 각자 자신만의 노하우나 철학으로 그 기준을 정해보는 것도 의미 있는 행동이라 생각된다.

⑴ 부동산 위기 지역

⑵ 호기 지역(기회의 땅이 증가할 호조건)

⑶ 부동산 위기와 호기 사이에 놓여 있는 지역(안정감은 드나 박진감이 부족해 지루하다. 권태감을 느낀다)

⑴과 ⑵의 상황과 달리 ⑶의 상황이 훨씬 많을 수밖에 없다. 가격상승지역과 가격하락지역보단 가격정체 및 정지상태에 놓여 있는 공간이 훨씬 넓고 많을 수밖에 없기 때문이다.

인구와 부동산가격은 반드시 비례한다. 이 땅엔 인구가 증가하는 지역보단 인구정체상태에 놓인 곳이 훨씬 많다. 개발공간은 늘 한정돼있기 때문이다. 국토 보호(규제)공간이 광대하다. 그 양적가치가 줄고 있다지만 여전히 광대하다.

한편 우리나라 국토엔 가짜뉴스가 춤추는 공간과 진짜뉴스가 춤추는 공간이 공존하기도 하는데 이는 동상이몽이다. 우리나라 사람(투자자) 중엔 가짜뉴스와 진짜뉴스를 구분할 사람이 있는가 하면 그렇지 못한 사람이 공존하기도 한다. 물론 후자는 하수들이다.

국토(영토)와 사람(인구) 관계의 지속력은 국가의 주권(지상권)이다. 순리(순서)의 원리가 곧 자연의 원리! 이러한 현상을 한 번도 배신한 적 없다. 사람 힘으로 공간을 지배할 수 있겠지만, 사람 힘에 의해 시간이 지배받는 경우는 절대로 없다. 늘 인간이 시간의 노예가 되고 있을 뿐이다. '바쁘다'는 건 핑계거리다. 시간의 노예생활을 하고 있다는 반증이기 때문이다. 그저 순리를 따르면 된다.

예) 과거-현재-미래

(인간에 의해) 순서가 뒤바뀐 적이 한 번도 없다. (부득불) 인간이 자연을 믿는 이유다. 자연에 도시를 건설하는 이유다. 그 통에 가치가 가격을 낳는 것이다. 인위적, 작위적인 모습이다. 현재 없는 미래가치 없듯 가치 없는 가격은 없는 법이다. 세상이치다. 현재와 가치는 과정(생지상태)이요, 미래와 가격이란 결과물(지상물, 완성물)을 의미한다.

개미들이 착각하는 것 중 하나. 큰 건물이 큰 선물이라는 건 오판! 큰 오류다. 큰 건물이 반드시 큰 선물이 될 수 없다. 보유와 소유보다 관리가 더 중요하기 때문에 하는 말이다. 관리는 순리와 연관된다. 언어적인 차이는 있지만 서로 형제관계다. 관리는 물리적인 것과 연관 있고 순리는 다분히 철학적 의미를 담고 있다. 그러나 관리는 순리와 연관 있다. 순리를 무시하면 관리도 무시당하기 십상이다. 곧 '관리능력'이 큰 선물인 셈이다. 관리능력을 보유한 채 큰 건물을 보유한다면 금상첨화다. 진정한 부자로 오랫동안 그 생명력을 유지할 수가 있다. 부자 자리를 영원히 보지할 수 있다.

결국은, '부동산노하우의 지속력'이 큰 선물이다. 한탕주의자가 소유한 큰 건물은 장애물이 될 수도 있다는 의미다. 지속력이 낮아질 수가 있기 때문이다. 벼락부자의 관리능력은 낮다. 관리능력을 포기한 상태다.

'위기'란 공포의 대상이 아닌, 공부의 대상이라는 사실을 개미들이 바로 인지해야 할 것이다. 위기는 포기의 대상이 아니기 때문이다. 위기 다음엔 반드시 항시 호기(기회)가 찾아오기에 기다릴 수 있는 끈기와 인내력이 필요하다. 기다리지 않으면 호기가 오지 않는 것이다. 기다리다 지쳐 잠시 자리를 비운 사이 기다리고 있던 버스는 지나가고 만다. 냉정하게도 버스는 오래 기다려 주지 않는다. 나의 끈기 부족으로 기회가 나를 포기하고 가버린 것이다. 기회는 냉정한 시간이다. 하수는 기다리지 못하고 포기한다. 기회를 모색하는 방도 역시 포기를 하고 만다.

호기는 '기회의 가치'다. 연구 및 관리의 대상이다. 돈의 가치는 반드시 관리가 필요하다. 관리능력이 부족한 100억 부자는 불안하다. 돈을 버는 건 쉬울 수 있지만 쓰는 방법은 쉽지 않다. 돈을 잘 사용하는 방법이 재테크노하우이기 때문이다.

시간 역시 잘 쓰는 방법이 노하우다. 투자에 성공한 사람들의 공통점은 돈과 더불어 시간 사용을 잘했다는 것이다. 시간을 보지(지속) 할 수 있다는 건 살아 있다는 증거다. 시간은 위기와 호기의 다른 말. 위기와 호기 사이가 곧 시간의 존재다. 항상 위기일 수 없고 항상 호기일 수가 없기 때문이다. 매사 일희일비하는 게 인생 아닌가.

시간은 공간에 의존하고 인간은 늘 시간에 의존한다. 예컨대 투자기간에 집중해 큰 수익창출을 바란다. 높은 환금성이 반드시 큰 수익성으로 연계되는 게 아니기 때문이다. 오랫동안 끈기 있게 기다리는 자에게 큰 행운이 찾아올 수 있다. 진리다.

마치 땅이 주변가치에 의존하듯 시간과 공간이 공존한다. 시간과 공간이 공존할 파워(성질)가 곧 세상이치(순리)다. 땅은 주변가치와 항시 공유(소유)한다. '주변'이라는 위치의 기준이 곧 땅의 존재가치를 외부에 알릴 수 있는 유일한 길이기 때문이다. 땅은 역시 미완의 작품이기 때문이다.

'순리'의 최대 적은 '분리'다. 순리는 사는 방법이고 분리는 죽음을 의미하기 때문이다. 순리는 세상이치를 대변하는 입장이지만 분리는 말 그대로 붕괴다! 분할의 최대 적은 역시 분리다. 토지의 분할은 진보적이지만 분리는 단절된 토지를 의미하기 때문이다. 분할은 발전의 다른 말. 분리는 퇴보다.

(註) 단절 토지 – 도로 철도, 하천개수로(지방하천 이상)로 인해 단절된 3만 ㎡ 이하의 토지. 그린벨트 이외의 토지(일반지역, 해제지역)와 연접해 있는 토지다.

집주인과 땅주인이 바라보는 부동산 규제의 시각차가 너무도 크다. 집의 그린벨트와 땅의 그린벨트의 차이가 크기 때문이다. 단절 토지는 그린벨트 땅주인에게 필요한 덕목이지 다른 지주입장은 상황이 판이하다.

규제에 예민한 사람이 땅주인이요, 규제에 둔감한 사람이 집주인이다. 완성물과 미완성물 주인의 입장 차다. 규제가 맹점만 있는 건 아닐 거다. 장기규제지역의 특성은 공기오염도가 낮아 인간 건강을 보지할 환경여건이 조성될 수 있다는 것이다. 물과 산 등 대자연의 가치를 보호하는 공간이 곧 장기규제공간이다.

예컨대 상수원보호구역이나 보전산지(국립 및 도립공원 부근) 인근의 집주인들은 건강을 보호받고 있다고 보면 된다. 그것을 지역 자부심으로 승화시킬 수 있는 부동산 마니아가 진정한 부동산 부자가 아닐까 싶다. 지역평화를 유지하는데 절대적으로 필요한 존재다.

단기규제지역은 개발이슈거리와 개발계획이 다양하고 개발이 진행 중인 곳에 많아 공기오염도 면에선 불리하다. 토지거래허가구역으로 지정해 실수요자 위주로 개발을 도모하려 한다. 현실적으로 그대로 이행하기는 쉽지 않다. 실수요자보단 투자 목적으로 움직이려는 땅주인이 훨씬 많기 때문이다. 중개업소보다 기획부동산이 양적으로 훨씬 많은 이유다. 소액 땅투자자를 반기는 곳이 기획부동산이지 중개업소는 아니기 때문이다.

장기규제해제지역의 특성은 개발이슈거리가 다양하다는 것이다. 그린벨트의 경우 인근의 주거인구가 폭증해 그린벨트 훼손도가 높아, 보호가치가 추락해 해제과정을 밟는 경우가 있을 수 있다. 물리적으로 집단취락지구가 보호받기 쉽지 않다. 누운 김에 잠잔다고 큰 개발에 손을 대게 된다.

수도권의 특징은 규제가 심한 상태라는 것이다. 단기 및 장기규제해제지역이 많지만, 개발이슈거리가 다양하다는 것도 수도권 특징 중 하나. 중첩개발과 중첩규제가 맞물린 지경이다. 수도권정비계획법이 존재하는 이유다. 인구가 증가하는 이유이기도 하다.

지방은 어떤가. 인구는 감소하나 개성(지역특질)이 강해 수도권 투자자들이 함부로 비평할 수 없다. 단기규제가 불요불급해 투자의 공간이 다양할수가 있다. 여유의 공간이 바로 지방이다. 과밀억제권역이 없는 이유다. 관심도가 낮다고 무조건 투자가치가 낮은 건 아니다. 변수작용이란 정해지지 않은 상태를 의미하기 때문이다. 정해진 상태를 누가 변수라고 하는가. 빤한 미래에 누가 희망을 바랄 수 있는가. 불을 보듯 빤한 미래에 돈을 던지기 쉽지 않다.

사람과 자연은 보호가치가 높다. 규제가 반드시 존속하는 이유다. 규제의 특성은 영원하다(예-난개발방지를 통한 개발의 당위성 높이기).

규제는 두 가지 의미를 내포한다(양면성). 자연적, 물리적 규제와 인위적 규제사안으로 말이다. 전자가 대자연 보호를 강조한다면 후자는 인공적인 규제사안이다. 수시로 규제를 규정해 약발이 잘 안 먹힌다. 단기규제의 힘은 미약해 고수들에겐 위협적이지 않다. 그들에겐 또 다른 기회의 광장이 될 수 있기 때문이다.

우리는 항상 거품동반현상에 유의해야 한다. 언제나 땅주인과 집주인은 두 가지로 분류, 점철된다. 역시 규제의 영향 때문이다.

땅주인이 실수요자인 경우 규제 정도에 따라 움직인다. 그 강도가 크다면 큰 부동산보단 작은 부동산을 건축하게 된다. 땅주인이 투자자인 경우 규제가 공포의 대상이 될 소지가 있다. 집주인이 실수요자인 경우 규제는 문제가 될 수 없다. 완성물이기 때문이다. 평생 그 자리에서 살면서 건강 유지에 집중하면 그만이다.

집주인이 투자자인 경우 규제가 역시 큰 문제가 아니다. 조망권을 적용시켜 가격을 상승시키면 그만이니까. 집주인이라면 규제나 개발에 신경쓰기보단 자기계발에 집중하는 게 훨씬 유익하다. 삶의 질에 집중하는 게 낫다. 워라밸이나 직주근접에 집중하면 된다. 땅주인과 집주인의 차이점은 완성물의 주인과 미완성물의 주인의 차이라는 사실이다.

범례) 규제에 예민한 자와 둔감한 자, 시간에 예민한 자와 공간에 예민한 자, 시간을 공부하는 자(예-투자기간)와 공간을 연구하는 자(예-실수요자), 그리고 시간과 공간 사이를 연구하는 자로 분류가 가능하다.

시간과 공간 사이를 연구하는 건 실수요와 투자 사이를 공부하겠다는 의지의 표명이다. 실수요 겸 투자자의 길을 걷는 것이다. 투자자가 실수요 겸 투자자인 건 상황(환경)에 따라 변수가 발생하기 때문이다.

부동산이나 사람이나 변덕이 심하다. 물론 부동산의 변덕은 부동산주인 탓이다. 부동산의 변수가 변질되는 건 부동산주인과 이해관계자들 탓이다. 남 탓보단 내 탓이다. 투자의 최종 결정권은 모두 나에게 있기 때문이다. 책임감과 사명감으로 계약서에 서명하는 것 아닌가.

좋은 땅과 나쁜 땅의 기준 정하기

좋은 땅과 나쁜 땅의 기준은 좋은 지역과 나쁜 지역을 구분하는 이치(잣대)와 같다. 예를 들어 '경기도 광주가 좋냐? 전남 광주가 더 좋냐?'라는 질문과 같은 것이다. 아이에게 자주하는 우문과도 같다. 아빠가 좋냐? 엄마가 좋냐? 는 부모를 우롱하는 우문이다. 마찬가지로 부동산과 지역을 우롱하는 우문 따위는 하지 않는 게 좋겠다. 정답을 정할 수 없는 질문이다. 좋은 아파트와 나쁜 아파트를 구분하는 것도 맥을 함께한다.

그러나 생땅의 용도지역은 다르다. 도시지역 일반상업지역과 농림지역 자체(정체성, 존재감)를 저울질할 땐 비교조차 할 수 없다. 존재가치의 차이가 크다. 물론 이때 변수가 작용하는 건 당연지사다. 용도지역의 입지(방향성)가 땅의 생명(미래가치)을 조율, 결정하기 때문이다.

필자는 '땅의 개성'이 중요하다고 본다. 내 부모와 자식이 귀하면 남의 부모와 자식도 중요하듯 내가 나의 지식과 지혜를 존경받고 싶다면, 남의 인생노하우도 마찬가지 입장으로 접근하는 게 인간도리다. 역지사지를 항시 잊지 말아야 할 것이다. 같은 이치로 내 땅이 존귀하다고 생각한다면 남의 땅의 개성도 존중해야 마땅하다. 수도권 땅과 비수도권 땅을 분리해

평가하는 것 역시 무의미하다. 무리다. 역시 개성(지역특질)에 집중해야 한다. 알아보지도 않고 무조건 병든 비판과 비난을 하는 건 나쁘다.

투자자라면 반드시 수도권의 특징과 더불어 비수도권의 특징을 잘 알아봐야 할 것이다. 수도권에만 집중하는 건 무리다.

좋은 사람과 나쁜 사람을 구분하는 기준도 마찬가지다. 내 인권이 소중하면 남의 인권도 소중한 법. 이게 세상이치다. 영원한 좋은 사람과 영원히 나쁜 사람은 없다. 사람은 변화의 동물, 대상이기 때문이다. 부동산이라고 다를까. 사람 품격과 비슷하다.

부동산의 용도와 마찬가지로 사람의 성질도 변하기 마련이다. 위치(정신력과 의지력)라는 변수(좋은 변수와 나쁜 변수)를 통해 미래가치인 잠재가치에 변혁이 일어난다. 변수는 변화를 불러오는 물결이다. 어디로 튈지 모른다. 기회를 기대하는 이유다.

예컨대 도로신설이라는 변수는 지역변혁을 불러온다. 다만 도로신설의 목적에 의해 모든 사안이 결정된다. 도로신설의 목적이 단순히 가치를 올리고 가격을 올리는 데 혈안이 돼있다면 도로 가치의 생명력과 지속성에 상처를 크게 입을 수 있지만, 개발의 당위성이 강한 개발계획에 의거해 도로개설 작업이 이뤄진다면 이야기(미래가치)는 확연히 달라진다.

목적과 수단에 따라 잠재가치의 크기와 질이 달라지는 것이다. 개성에 의해 움직이는 게(변화) 사람과 부동산이다. 개성은 쉽게 변질되지 않지만, 부동산 입지와 변수(인구의 유입 및 증가현상)를 통해 변한다. 부동산마니아 입장에선 개성이 강한 지방, 그리고 수도권을 그냥 지나칠 수가 없다.

지방은 대자연의 진리를, 수도권은 대도시 가치를 소중히 여기기 때문이다. '지방이 좋냐, 수도권이 더 좋냐'라는 우문은 투자자가 할 질문은 아니다. 개성과 입지(입장차)의 차이가 크기 때문이다. 상황성과 변통성이라는 변수를 무시하는 건 투자자의 자세가 아니다.

다만 가격차이가 크다. 그것이 진정한 가치의 차이는 아닐 것이다. 수도권 부동산주인이 소중하듯 지방의 부동산주인 역시 소중한 가치일 테니까. 부자와 빈자의 생명은 하나다. 따라서 부득불 소중하다는 공통점을 가진다. 부자가 빈자로 빈자가 신흥부자로 변할 수 있기에 서로 간 소중함을 강직하게 간직할 정서적 여유가 필요하다. 생명(시간)은 하나니까.

수도권과 지방 모두가 소중한 이유다. 대자연 없는 대도시는 존재할 수가 없다. '나쁜 땅'은 없다. 다만 개성이 존재할 뿐이다. 개성은 존중받아 마땅하다. 개성은 창조력과 기획력의 산물이기 때문이다.

개성이 강한 나쁜 땅의 미래가치는 너무도 높다. 반드시 숭상받아야 하는 이유다. 개성을 존중할 만한 현재의 나쁜 땅은 미래에 좋은 땅으로 진화할지도 모른다.

'개성'을 존중하는 사회가 제대로 자리를 잡는 것이라면 부동산으로 인한 지역감정은 자연 치유될 것이다. 지역감정을 완치할 치료법은 무조건적인 '개성 존중'이다. 존재가치(건폐율+용적률)는 무조건 소중한 것이니까.

"화성이 좋아요? 아니면 평택이 더 좋아?"

이제부턴 이런 수준 낮은 질문은 하지 말자!

부동산의 개성이란 입지의 다른 표현법이니까.

좋은 땅 만나기

'좋은 땅 만들기'와 '좋은 땅 찾기'는 '좋은 땅 만나기(땅과의 인연=매매계약 성사)' 위한 노력과 열정이다.

좋은 땅 만들기는 건설사를 통해 가능하다. 건설사는 대단위 아파트건설을 통해 실수요자뿐 아니라 투자자도 모색하는 입장이다. 건설사가 대대적인 광고와 홍보를 통해 투자가치와 희소가치를 강조하는 이유는 투자가치가 낮으면 미분양확률이 높아질 수가 있기 때문이다. 사람들의 관심도가 떨어진다. 건설사가 자주 강조하는 단골메뉴가 있다. 조망권(산과 물) 등 프리미엄이라는 부동산 권력이다. 조망권 역시 규제의 일부분이다.

결국, 건설사는 아파트 기획자인 셈이다.

좋은 땅 찾기는 기획부동산 역할과 관련 깊다. 중요한 건 기획부동산과의, 투기와의 전쟁은 항시 소모전이라는 사실이다. 긍정적인 마음으로 부동산에 접근해야 하는 이유다. 기획부동산의 기준과 투기의 기준은 지극히 개별적인 성질(개성)을 가지고 있기 때문이다.

'투기'라는 말은 무의미하다. 함부로 도용하지 마라. 투자와 투기라는 말을 함께 항시 사용하기 때문이다. 이를테면 내가 하면 무조건 투자요 남이 하면 무조건 투기다. 투기라는 말이 무의미한 이유다.

떴다방이나 투기꾼은 마치 바퀴벌레 삶과 같아 한쪽을 잡으면(안심) 다른 쪽은 더 크게 활개를 치고 만다(방심). 풍선효과로 인해 거품수위가 높아진다. 정치와 경제에 접근할 때 보수와 진보로 나뉘는 행위 역시 소모전이다. 투자자가 흑백논리라는 감옥에 갇힌다면 그건 퇴보의 길을 걷는 것이다. 거품, 투기 등은 비리와 연동하므로 투자자는 늘 유의해야 한다.

'비리'(상상초월의 거품수위)라는 암세포를 박멸하는 신약(길)은 '의리'다. 의리는 순리의 견제역할을 하고 있기 때문이다. 실패확률을 낮추는 효과가 의리 안에 잠재(내재)해 있다.

좋은 땅 찾는 방법

1. 기획부동산 인근의 땅에서 좋은 땅을 모색하라. 기획부동산은 이슈거리를 찾는 경제동물이다. 사람들 관심사와 사회적 이슈거리를 잘 읽고 있다. 가치를 극화할 기술을 가지고 있다.
2. 정치인 인근의 땅도 가치가 높다. 정치인의 정보력은 대한민국 최고의 희소가치 아닌가.
3. 대기업 인근의 땅을 선택한다. 대기업은 대한민국 최고의 정보력과 경제력을 장착한 경제동물이다. 정경유대가 돈독해 돈의 활용도가 거대하고 거창한 지경.

기획부동산은 지방의 희망이다. 지방은 수도권 대비 지상물보단 생지 거래량이 더 많은 상황이다. 기획부동산은 땅 거래에 의해 그 존재감을 표출하기 때문이다. 지방의 수많은 미완성물은 지금도 기획부동산의 광범위한 활동반경에 의해 움직이고 있다. 평당 1만 원짜리 땅도 2만 원으로 폭등(!)할 수 있다는 자신감과 기대감이 발현하는 이유다.

기획부동산은 강남의 희망이기도 하다. 강남빌딩 공실률을 줄이는데 일등공신이기 때문이다.

좋은 땅을 만나기 위한 노력 중 한 가지는 내 땅 인근의 지상물들의 가치와 더불어 인물들의 가치를 모색하는 데 있다.

내 땅 인근의 용도지역과 지목, 그리고 용도지역 입지와 지목 입지도 중요하나 내 땅 인근의 '지주의 힘'을 알아보는 과정도 필요한 것이다.

정치인, 경제인, 유명연예인, 법조인, 언론사간부 등 우리 사회 권력의 핵심인물들을 따라다니는 게 좋겠다. 좋은 땅 만나는 확실한 방법이다. 그 정보를 얻는 데 열정을 쏟자. 권력자 인근 땅은 많지 않으나 모색방법이 바로 곧 노하우다. 부자와의 친밀도를 높이는 방법 또한 부동산노하우라 할 수가 있다.

가난한 사람보단 부자나 성공한 사람과 식사자리를 마련하는 게 좋은 부동산을 마련하는 데 큰 도움이 될 것이다. 좋은 땅과의 인연은 우선 좋은 사람과의 인연으로부터 발현한다. 인성과 실력 모두가 뛰어난 전문가와의 만남과 투자공간에서의 좋은 사람(인구)과의 만남, 두 만남을 통해 성공투자가 이뤄진다. 즉 부동산의 원자재가 곧 '사람'인 셈이다.

땅의 잠재력은 아파트보다 높다. 이런 면에서 땅과 사람의 공통점은 잠재력이 보이지 않을 정도로 높다는 점이다. 땅의 잠재력은 땅과의 이해관계가 있는 여러 사람에 의해 그 동력이 커지는 것이다. 물론 지주가 성장해 가는 데 있어서 가장 중요한 역할을 하지만 그 외의 사람들 역할도 크다. 예를 들어 해당지역의 이장이나 위정자 등의 역할도 지대하다. 해당지역의 성격과 품격에 대해 너무도 정밀하게 아는 사람 아닌가. 지역성질과 정보에 도통한 사람이다. 지주나 지주가 될 분들은 그 분들의 능력을 십분 활용해야 할 것이다.

요컨대 '사람 사용법'이 곧 '부동산 사용법'인 셈이다.

좋은 땅을 발견하는 사람과
좋은 땅을 발명하는 사람

땅의 사용가치와 사용범위는 반드시 일치, 비례한다.

사용가치는 실용가치(지금 당장 이용 및 활용 가능한 위치의 가치)와 맥을 매일 함께하기 때문이다. 희소가치는 개발범위를 적극적으로 대변한다. 희소가치에 따라 개발범위가 결정된다. 희소가치가 낮지만, 개발범위를 무리하게 무모하게 넓히면 개발의 타당성이 낮아져 추후 미분양현상이 일어나거나 공실이 우려된다.

희소가치가 높아진다면 당연히 개발범위도 넓어진다. 주거인구 등이 증가하면 당연히 희소가치가 높아질 테니까. 희소가치는 개발의 타당성과 당위성도 보장한다. 희소가치가 높아질 수 있는 건 인구의 다양성과 인구증가현상과 관련 있다. 사람의 가치의 변화가 곧 희소가치의 가늠자다. 사람 없는 부동산은 무가치+무의미하기 때문이다. 존재가치를 인정할 수 없다.

결코, 아파트, 상가 등 지상물의 증가현상만으로는 역부족이다. 희소성을 충족시킬 수 없다. 미분양과 공실현상은 희소가치를 추락시킨다. 존재감을 상실하고 만다.

하수는 개발범위에 집착한 나머지 정작 중요한 희소가치(개발가치)를 보지 못한다. 고수는 면적보다 개발입지를 우선시한다. 하수는 개발기간에 집착한다. 환금성에 지나치게 집착한 나머지 개발가치를 무시한 결과다. 환금성이 낮으면 무조건 나쁜 땅이라고 스스로 인정하는 하수들! 끈기 부족이 문제다. 스스로 함정을 판다.

고수는 개발기간보단 개발가치에 집중한다. 안전성을 소중히 다룬 결과이다. 부동산투자의 성공확률을 높이기 위해 개인적으로 노력할 건 눈높이와 '눈넓이'에 집중한다. 취업률이나 대학합격률을 높이는 방법으로는 눈높이 낮추기다. 투자 시에도 이런 방법을 적용해야만 성공할 수 있다. 눈넓이 넓히기 역시 투자자에게 필요한 덕목이다. 투자는 예측행위이기 때문이다. 목표가 너무 높으면 미래가 안갯속이다. 전혀 볼 수가 없어 예측행위가 가치가 아닌, 사치로 변질되고 마는 것이다. 예측행위가 소모전이 돼버린다.

투자의 과정은 발견과 발명의 연속. 발견과 발명의 차이로 점철된다. 찾기와 만들기의 연속이다. 찾기는 답사 시 이뤄지는 작업이요, 만들기는 개발계획(국가와 지자체가 기획해 주도)이나 법률에 의거한 건축행위(개인의 실수요행위)다.

개발자와 기획자(건설사와 시행사)는 부동산 창조 작업을 하는 전문직업인이다. 투자자건 실수요자건 반드시 만들고 찾아야 할 곳은 하나다. 삶의 질이 높은 행복공간이다. 치유의 공간과 자유의 공간을 찾는 것이다. 이들 공간은 실수요가치, 실용가치, 이용가치가 높아 사람들이 몰리는 곳이다. 그래서 행복공간이다.

자유의 공간은 자연의 공간이므로 자연을 파괴한 채 자유를 발견할 수는 없다. 역시 적정한 규제가 필요한 이유다. 금수강산을 인간이 보호하겠다는 강한 의지가 곧 강력한 규제의 의미다. 보호의 의미와 의지가 강할수록 개발의 타당성이 낮아진다.

치유와 자유의 3가지 재료는 경제적 자유(돈 가치), 정서적 자유(자연의 가치), 육체적 자유(자연의 가치)다. 경제적 자유공간은 대도시와 대기업의 연계성을 강조하는 공간으로 지방의 대기업과 수도권 내 대기업의 가치는 분명히 다르다. 정서적 자유의 공간과 육체적 자유의 공간은 대자연의 가치가 존속하는 공간이다.

대기업 입주로 근린상가부지로 거듭난 논밭

경제적 자유공간 + 정서적 자유공간 + 육체적 자유공간 = 경기도 일대에서 발견되나 지방에서도 발견될 수 있다(동해안보단 서해안지역에서 발견하기 쉽다. 서해안고속도로를 따라 모색한다)

정서적 자유의 공간 + 육체적 자유의 공간 = 지방에서 발견되는 게 순리다(수도권과 충청권의 연결고리인 서해선 복선전철을 기대하는 이유다. 서해안고속도로는 서해안시대의 현재가치요, 서해선 복선전철은 서해안시대의 미래가치인 셈이다. 도로와 철도의 만남은 좋은 전문가와 좋은 인구, 친구의 만남 그 이상의 의미가 있다. 투자의 동기부여다. 투자의 이유인 것이다).

여하튼 좋은 땅을 만드는 사람은 국가와 지자체, 혹은 개인의 실수요자이고 좋은 땅을 발견하는 사람은 개발자와 투자자다.

　'부동산은 사람이다.'

　여기서 사람이란 수많은 부동산 전문가와 부동산 관련 인구들이 포함돼있다.

2장

지금은 땅투자의
골든타임

땅투자의 '신패러다임'을 이해하라

내 땅을 가치 있게
팔 수 있는 출구전략

가치와 가격을 단번에 상승시킬 수 있는 마법의 땅투자 노하우가 바로
여기에 있다.

⑴ 시세 대비 5분의 1 수준의 저렴한 매물을 확보하라.

⑵ 저렴하게 평가받는 이유를 당장 없애라.

⑶ 진입로 확보에 전력을 다하라.

⑷ 인허가 검토에 전력을 다하라.

필자가 땅을 통해 엄청난 수익을 볼 수 있었던 건 제대로 된 투자전략
을 세웠기 때문이다.

⑴ 1,000만 원 땅투자로 '묻어가기'

⑵ 지분 땅을 사들여 단독필지로 만들기

⑶ 땅으로 컨설팅 정산받기

⑷ 건물 지을 땅, 잔여 부지를 분할매입하기

⑸ 개발한 입지를 미리 분할등기받기

⑹ 맹지해결이 가능한 입지를 '지주 컨설팅'으로 매입하기

⑺ 각기 다른 매물을 합필해 명품 땅으로 승화시키기

땅 위에서 수익실현

필자를 찾아온 독자 대부분의 명분은 하나다. 개발행위를 직접 진행하면서 토지의 가치를 상승시킬 수 있는 노하우를 체득하기 위해서다. 경매로 낙찰받은 땅이나 부모로부터 물려받은 땅의 가치를 상승시키고자 찾아온 것이다. 땅을 조금 더 가치 있게 되팔 수 있는 전략이 필요하다. 이럴 때는 단기투자전략을 세워 땅의 취약점 중 하나인 낮은 환금성을 극대화한다.

단기에 토지매입원금을 회수하기 가장 좋은 전략은 개발행위를 통해 가치상승을 시킨 뒤 저렴하게 내놓아 수요자의 발길을 사로잡는 것이다. 이러한 일련의 과정이 현실화된다면, 땅의 환금화가 수월해져 단기간에 10배의 수익 실현도 가능하다.

당진 우두동 도시개발인근을 미리 매입해 부지조성 후 수익실현

당진 우두동 도시개발임박 전 미리 매입해 수익실현(개발조감도)

범례) 내 땅의 가치상승을 위한 방법은 세 가지로 점철된다. 분할과정과 진입로 확보과정(맹지문제해결책) 그리고 인허가 검토다.

필자는 땅을 살 때 '지역, 입지, 개발가능여부' 이 세 가지에 집중한다. 이것이 바로 성공투자의 도구인 셈이다.

지역선정의 기준을 확실하게 정하라! 정책적으로 밀어주는 지역인가,

기업이 ·이전한 또는 이전할 지역인가, 사람이 늘어나고 있는 지역인가, 돈(세수)이 늘어나고 있는 지역인가, 길(도로교통망)이 확충되고 있는 지역인가, 물(바다, 호수, 강 등)이 개별전략으로 활용될 지역인가를 심도 있게 따져 보지 않으면 안 된다.

10년 안팎에 반드시 오를 수 있는
입지는 바로 여기!

1. 신규 역세권에 주목하라

⑴ 당진 합덕역 일대- 배후 물류, 산업, 주거, 산업, 관광예정지, 그리고 홍성역, 삽교역 일대를 집중적으로 분석하라.

⑵ 석문산단인입철도~서산 대산역 신규 역세권 입지를 정밀 분석하라.

⑶ 현대제철 송산역 배후 산단, 글로벌 산단예정지역과 공항예정지역, 제2서해대교 일대를 집중적으로 분석하라.

⑷ 석문역 일대(산학연관 복합산업단지 및 마리나 리조트 해양관광지를 집중적으로 분석하라)

⑸ 장항선, 내포산업관광철도, 보령~조치원 간 철도 - 충청권 신규 전철노선에 집중하라.

⑹ 아산만 '베이밸리' 순환철도노선에 사활을 걸어라.

⑺ 평택과 연결되는 노선에 돈을 던져라.

2. 신규 도시화 편입예정지에 집중적으로 투자하라

⑴ 도시기본계획의 행정구역 변경에 주목하라. 예를 들어 리(里)가 동(洞)으로 편입되는 경우를 주목하라.

⑵ 신규 도로교통망에 주목하라(도시계획도로로 편입되는 도로에 주목하라. 신규 도시 개발사업지로 편입!).

⑶ 대규모 도시개발지 주변 땅에도 주목하라.

3. 기업체 및 산업단지 주변과 진입로를 선점하라

⑴ 현대의 방향을 주시하라(미래자동차+자동차전용항만+관광).

⑵ 태안기업도시의 변화에 주목하라.

⑶ 충남혁신도시로 지정된 내포신도시 주변에 주목하라(지속적인 산단 확장이 예상되기 때문).

4. 신규 관광지 라인에 주목하라

⑴ 당진~서산~태안~보령 등 마리나 관광, 해양치유 레저관광과 체험관광에 집중하라.

⑵ 둘레길, 호수, 강, 바다를 접목한 농업체험관광 및 복합관광벨트에 주목하라.

특히, 최근엔 도시의 희소가치를 업로드 시킬 수 있는 것이 바로 저수지(호수)다. 여기에도 주목할 필요가 있다. 지자체별로 관광프로젝트화를 적극적으로 추진 중이기 때문이다.

⑶ 섬에 집중적으로 투자하라! 충남 서해안 섬 벨트 관광화 예정지에 주목하라. 전남 신안 1004프로젝트, 제부도, 대부도, 영흥도, 신도 등도 주목할 대상지!

까페촌으로 변모한 저수지

5. 신규 톨게이트, 신설 도로망 입지를 선점하라

⑴ 당진~서산 간 고속도로 신규 톨게이트 연결망

⑵ 섬과 육지를 연결하는 연륙교, 섬과 섬을 연결하는 연도교가 건설되
  는 곳에 집중하라.

다음은 필자가 집중적으로 매입하고 있는 입지들이니 성공투자를 바란다면 여러분도 집중적으로 매입하길 바란다.

1. 아산만을 둘러싼 수변라인(평택, 안성, 아산, 당진, 서산, 태안 일대)
2. 당진 합덕역 주변의 계획관리지역 땅(트라이앵글 산업클러스터 구축!)
3. 천안, 아산, 당진, 서산, 홍성 등 신규 배후도시(잔여부지 추가개발)
4. 당진, 서산 북부 산업단지 주변(대산 간 인입철도)
5. 다리가 놓인 섬 땅
6. 가로림만, 천수만 주변의 바닷가 노른자위 땅
7. 개발이 가능한 규제가 없는 저수지 땅

주택과 달리 토지시장엔 큰 변수가 작동하지 않는다. 미완성물의 특징 중 하나다. 오를 곳은 애초에 정해져 있다. 땅으로 돈 벌고 싶다면 세 가지를 주목하라!

소액땅투자로 월세수익 가능

오를 땅을 점찍어 내는 능력과 저렴할 때 선점하기, 그리고 출구전략에 집중하라. 저렴할 때 선점하려 해도 종잣돈이 부족한 지경이라면, 과감하게 '공동투자군단'과 함께 움직여라. 출구전략에 동참하고 싶은 이들은 언제든지 대환영이다.

선점하라! 수십 년간 오르는 땅엔 변수가 없다. 땅투자는 선점 싸움이다. 오를 땅, 트렌드, 출구전략을 가진 땅이라면 만사형통! 실수확률이 매우 낮다. 세 가지 전략이 하나로 연동할 때 누구나 갖고 싶은 땅으로 거듭날 것이다. 즉, 개인적으로 환금성과 수익성이 연동해 단기간 내 성공투자자로 성장할 수 있을 것이다.

땅투자 100억 부자로 성장하는 핵심 노하우

10여 년 전 필자가 땅을 사기 시작할 때만 해도 지금처럼 토지투자에 대한 긍정적 평가가 많지 않았다. 지분투자는 생각조차 하지 못했다.

하지만 지금은 어떤가. 요즘 매물을 보면 지분 땅이 매물로 종종 올라온다. 중개업 시장도 투자형태의 다변화를 꾀하는 모양새다. 무턱대고 지분 땅을 사는 것과 처음부터 전략적으로 매입하는 경우는 판이하다. 매입단계부터 매도 및 수익단계를 철두철미하게 밟는 것이다.

토지투자 매입단계(입지선택)
1. 수용되는 토지 중 맹지
2. 수용되는 토지 중 좋은 땅
3. 수용되는 부지 주변의 좋은 땅
매수 작업 못지않게 매도전략도 중요하다.

1. 통매도
통으로 매입해 통으로 매도하는 방식이다.

수익률이나 기다리는 기간(투자기간) 등 기준을 계약서에 명시해 매도하는 방법도 좋은 방법이다. 분쟁의 소지를 완벽하게 차단하는 게 좋다.

2. 지분매도

지분자 개인이 자유롭게 매도하는 방식이다.

처음에 시작한 멤버가 아닌 중간에 지주가 바뀌는 투자방식이다. 따라서 이 경우엔 투자한 토지의 매수매도 책임자를 지정해두는 것도 좋은 방법이다.

3. 일부를 개발해 가치를 상승시키는 방법

고점에서 매도하는 게 아니라 오를 가치를 남겨두고 매도전략을 정립한다. 예컨대 진입로를 확장한다거나 사용목적을 변경하는 경우다.

4. 전체 부지를 개발하는 경우

토지개발을 어렵게 생각하는 경우가 많다. 필자는 리스크를 최소화하기 위해 전문개발업체에 의뢰한다. 수수료는 나가지만, 책임감 있게 개발사업을 마무리해주기에 수수료가 아깝지 않다.

5. 건축 후 분양

이 경우는 분양시장이 좋지 않거나 건축물 설계가 대중들을 사로잡지 못한 경우엔 미분양으로 남아 사업완료가 지연되기도 한다. 그래서 초보투자자들에겐 추천하고 싶지 않은 방식이다

6. 건축 후 임대전환

단계별로 경험이 쌓이다 보면, 결국 토지투자자들 대부분이 현금으로 환급해 통장에 넣어두고 소비자금으로 사용하거나 건축 후 임대로 전환해 임대소득으로 연동시킨다. 이런 경우엔 처음부터 건축목적을 명확하게 정해놓고 시작해야 한다.

돈 되는 땅의
공통점(핵심사안)

1. 수변 경관
2. 핵심 거점
3. 핵심 도로망
4. 핵심 상업지역이 될 만한 곳
5. 핵심 주거지역이 될 만한 곳

성공적인 땅투자를 바라는가.
다음 단계를 통해 투자의 입지를 좁히면 대성공이다!

1단계 – 해안(서해안벨트, 동해안벨트, 남해안벨트) vs 내륙
수도권 vs 비수도권
도심권 vs 도심 외곽
역세권 vs 역세권 주변

2단계 – 지자체 선정

여기까지는 30개의 투자 입지를 정리하라.

그리고 다시 10개의 투자 입지로 좁혀라.

3단계 – 집중적으로 투자처를 물색, 모색하라

필자가 서해안 일대에 대규모 토지를 매입할 무렵, 세종특별자치시와 평택시, 용인시, 이천시 일대 땅값이 폭등한 바 있다. 평당 250만 원을 호가하고 있어 소액투자가 불가능한 지경이었다!

요컨대 이미 올라버린 땅을 바라보기엔 자금력이 미약한 것이 앞으로 오를 곳을 선점하고 탐색하는 이유다. 이미 수도권과 동해안권역까지 땅값은 폭등한 상태다. 세종시와 세종시 주변의 청주, 천안, 아산 일대도 저렴한 물건 찾기가 쉽지 않다. 매물 자체도 현저히 줄어든 상태다.

다음과 같은 상황이라면 무조건 돈을 던져라(投資).

1. 서해안시대의 시작, 경제축의 트렌드 변화

경기도 화성시 버스정류장마다 명기돼있는 '환황해 경제시대'라는 글귀를 보면 가슴이 벅차오른다. 필자가 서해안라인의 비전을 설명할 때 '축의 대이동'이라는 키워드를 자주 사용하곤 한다. 세상은 과거와 달리 많이 변했다. 변화무쌍하다. 대한민국 국토 역시 많은 변화를 이루고 있다.

개별적으로 대한민국의 국토발전 방향에 대한 세부적인 공부가 필요하다면, '제5차 국토종합계획(2020~2040년까지의 대한민국 국토 전반의 개발계획에 대한 마스터플랜)'에 집중하기를 권장한다. 더불어 제4차 국토종합계획(2000~2020년까지의 마스터플랜)도 눈여겨볼 대목이다. 국토부 홈페이지나 각 지자체 홈페이지를 통해 알아보면 큰 도움이 될 것이다. 2개 자료를 통해 비교분석하라.

반복적으로 보다 보면 대한민국 국토종합계획에서 향후의 발전 동향과 방향을 정밀하게 알 수 있다. 서해안이 발전의 핵심이라는 사실을 쉽게 발견할 수 있을 것이다.

충청남도 대규모 산단개발

2. '1극 체제'의 수도권 위주의 개발한계에서 서해안 권역을 따라 '다극 체제'로 전환!

'확장성'이 필요한 시점이다. 수도권에서 애써 머물 필요가 없다. 이제 그 확장성은 동해안, 충청권까지 확장된 지경이다. 동서와 남북을 균형 있게 연결하는 교통망의 혁신을 수반하고 있다. 교통 오지인 충청권까지 수도권 전철이 광범위하게 연결되는 역사적 순간이 바로 2023년과 그 이후가 될 것이다.

3. 대한민국 국토 미래개발전략의 몇 가지 포인트

(1) 경부축 → 서해안축

(2) 1극 체제(서울, 경기도, 인천광역시 등 수도권 경제의 중심) → 2극 체제(제2의 수도권으로 충청권 정립) 및 다극화

(3) 중앙정부체제 → 지방자치제 활성화와 지방거점화로 광역경제권 형성

4. 왜 서해안 골든벨트에 집중해야 하는가?

높은 서해안의 잠재동력! 서해안권역은 향후 대한민국 국가 경제를 선도하고 견인할 성장축이 될 '첨단산업벨트'로 지정됐기 때문이다. 미래가 밝다. 더욱 기대되는 건 수도권 대비 규제의 사슬에서 자유롭다는 것이다. 무한한 성장의 가능성을 바랄 수 있는 이유다. 전국 6개 경제자유구역 중 3개의 경제자유구역(인천, 황해, 새만금 군산)이 서해안권역에 지정돼 개발이 진행 중이다. 남은 과제는 미완성의 교통인프라 구축이다. 수도권과 하나로 연동되면 비로소 경제권역으로 완성된다. 마치 세종특별자치시와 같은 국책사업의 거대한 인프라구축이 진행되는 것이다.

서해안 골든벨트의 교통망 혁신!
돈맥을 연구하라

땅투자에 관심이 없다면, 고속도로 같은 도로에 큰 관심을 보이지 않을 것이다. 반대로 땅투자에 관심이 많다면, 고속도로의 중요성을 누구보다 많이 알 것이다. 특히, 서해안고속도로에 대한 관심도가 지대할 것이다.

서해안고속도로의 역할이 워낙 커서다. 그동안 이 도로를 통해 주변 땅값은 크게 올랐다. 영종도, 청라, 시흥, 화성, 평택, 당진, 서산 등이 지역적으로 가치가 높아졌다. 왕복 10차선으로 확장된 서해안고속도로의 힘은 강하다. 강렬하다. 지금도 그 덕분에 투자자의 발길이 바쁘게 움직이고 있다. 지금은 과거의 서해안과 다르다. 진보, 진화했다.

교통망은 돈의 형태를 바꿀 수 있는 위력이다. 매력적이다. '서해안 돈맥시대'가 도래하고 있다.

요즘 당진 출장을 자주 간다. 늦게 출발할 때면 약속시간을 어기기 일쑤다. 많은 기업이 이미 서해안에 자리를 잡았다. 변화의 속도가 놀랍도록 빠르다. 자동차 달리는 속도는 느릴지 모르나 지역발전 속도는 빨라지고 있다. 막을 수 없을 지경으로 말이다. 줄지어 달리는 거대한 컨테이너 트럭과 끝이 보이지 않는 물류차량들의 행렬은 마치 부지런한 개미군단과

서산톨게이트 예정입지를 미리 점찍어 가장 낮은 가격에 매입

같아 보기 좋다. 지역 희망을 한눈에 엿볼 수 있는 광경이기 때문이다. 교통정체의 원인은 되고 있지만 말이다. 그야말로 '서해안신산업시대'를 실감하게 된다. 필자가 현장 작업을 놓지 않는 이유 중 하나가 바로 부동산 수요동향을 누구보다 정확하고 빠르게 알 수 있기 때문이다.

미팅을 마치고 오후에 출발 길을 오를 때 역시 만만치 않게 막힌다. 고수들은 운전하면서 눈앞에 펼쳐지는 광경 하나하나를 투자의 통찰력과 연계한다. 새로운 기회를 기획하는 것이다.

이를테면 교통량의 포화상태나 막히는 요일, 차량의 종류, 막히는 시간까지 한 대목 한 대목 모두 성공투자의 재료로 승화시킨다. 도로망 현황을 자본의 흐름으로 인식해 정확한 판단력과 예측에 그대로 적용 및 활용하게 된다. 투자의 타이밍을 정할 때도 큰 도움이 되는 것이다.

필자는 월 1회 주말을 이용해 현지투어를 진행한다. 예상된 스케줄보다 2시간 정도는 더 소요된다. 주말의 현지투어를 포기해야 할 지경이다. 관광객이 서해안으로 몰려들었다는 증거다. 5도 2촌이라는 말은 사라진 지 이미 오래다. 3도 4촌으로 변했다. 3일은 도시에서 열심히 일하고 4일은 농촌에서 힐링한다는 의미다.

이로써 땅투자에 이골에 난 사람들은 소비 트렌드, 관광 트렌드, 인간의 욕구와 욕망까지 연구 분석할 정서적 여유가 있다. 하수 대비 리스크가 적기 때문이다.

사람이 가는 곳에 돈도 따라가는 법이다. 순리이자 이치다. 이러한 시대적 요청과 흐름은 서해안의 돈줄을 더욱더 굳건하게 만들어주고 있다. 우리에게는 돈맥이 되는 교통망을 눈여겨볼 의무와 사명이 있다. 투자하는 건 지금 내가 이 땅에 살아 있다는 증거다. 입지를 선점할 용기와 용단이 필요한 시점이다. 입지는 부동산이 지금 이 시간 살아 움직이고 있다는 증거다. 입지는 사람으로 치면 호흡의 기능을 하고 있다. 지금 당장 움직이자!

1. 도로교통망을 보면서 통찰력을 극대화하라.

2. 신규 톨게이트 예정지를 분석하라. 톨게이트가 돈이 되는 것이 아니라 연결될 길목이 돈이 된다.

3. 도로교통망 계획을 통해 방향성을 인지하라. 어디에서 어디를 왜 연결하는지에 대해 강한 의문문과 관심을 가져라. 이는 길목을 선점하기 위한 노력이다.

관심의 포인트는 다음과 같다.

1. 서해안의 남북을 연결하는 고속도로의 완성
현재의 서해안고속도로의 개통완료와 제2서해안고속도로 평택까지의 개통, 그리고 향후 충남 부여까지의 개통예정 등 향후 서해안 스마트하이웨이가 예정돼있어 서해안벨트가 대한민국의 중심축으로 인정받을 것이다.

2. 기존의 경부축과 신생 서해축의 교통망 연결

내륙을 관통하는 경부축과 서해축을 먼저 연결하고 동해축까지 연결해 동서를 가로지르는 신생 도로망이 완성된다. 즉, 교통망의 패러다임이 바뀌는 것이다.

3. 거점 도시 간의 국도 연결

거대한 물류의 이동역할을 위한 교통망 체계구축을 급행으로 시행하며 거점 도시 간의 교통망 연결로 광역화 전략을 펼친다. 지자체별 핵심 교통망을 이해하고 지역 간의 확·포장 연결도로망을 이해하면 대한민국 미래의 경제 지도를 이해할 수 있다. 국가교통망계획을 참조하면, 향후 도로망 구축방향을 한눈에 파악할 수 있다.

충청남도 농어촌도로 확포장(도시화의 시작)

충청남도 농어촌도로 확포장(도시화의 시작)

요즘 지방에서도 서해안 일대의 토지매입 문의가 많다. 카라반 개발사업, 커피숍, 펜션 등의 부지매입과 사업검토 문의와 관련해서다. 특이한건 아파트사업, 공장, 물류단지에 대한 문의가 들어오기 시작한 것이다.

지역적으로 경상도나 전라도에서 토지매입 문의가 늘고 있다.

서해안벨트의 글로벌 무역항만의 높은 위상은 해마다 증가하는 물동량을 통해 확인할 수가 있다. 국제무역의 거점 및 상주인구 증가현상은 서해안골든벨트의 땅값 상승의 동력이다. 최근 기업들이 하나하나 이전하면서교통인프라가 개선되고 있다.

필자는 오래전부터 서해안라인의 땅을 집중적으로 매입해놓았다. 현재도 많은 땅을 보유하고 있다. 또한, 세종특별자치시와 그 주변 지역, 혁신도시, 기업도시, 역세권, 대기업 이전지역 등은 필자가 땅투자를 적극적으로 할 동기부여, 동력이 되고 있다. 여전히 말이다.

서해선복선전철의
골든벨을 울려라

작금의 경기도 평택시는 천지개벽이 일어나고 있는 곳이다. 그 이면엔 삼성반도체가 있다. 평택에서도 대기업의 힘이 증명되고 있다.

대기업 힘은 입지의 힘! 맹지가 주거 및 상업지로 변모할 그런 힘 말이다. 4년 전 평당 50만 원이었던 평택지제역 일대 땅값은 지금 평당 4,700만 원에 육박한다! 그야말로 맹지가 상업지로 대변신하면서 일어난 가격혁명이다. 주변 땅들도 평균 평당 600~800만 원을 호가하고 있다. 4년 만에 대박이 터진 것이다.

이제 평당 수백만 원에서 수천만 원에 이르는 땅들이 마치 하나의 노선인 양 연결돼있다. 평택 땅값의 폭등현상이 지속되는 건 서해선복선전철 개통에 대한 기대감이 여전히 높기 때문이다. 더 오를 기세다.

필자는 시간이 나면 자동차를 몰고 지도의 노선을 따라 역세권 공사현장을 탐방한다. 공정현황을 살피고 미래를 제대로 전망하기 위해서다. 부동산 관련 기사 하나에 땅을 선점한 후 6개월 만에 도로확장 공고가 발표되는 일들이 일어날 수 있었던 건 꾸준한 임장활동 덕분이다. 현장경험을 통해 새로운 기회의 땅도 발견할 수 있었다.

광명역에서부터 시흥시청역, 안산원시역, 송산역, 화성시청역을 따라 안중역, 인주역, 합덕역, 홍성역까지 전체적인 서해안노선의 역세권개발 현장을 살펴보면서 현재 및 미래가치를 종합적으로 정독한다. 기쁘다. 이 노선은 향후 대곡~소사~안산~화성~평택~아산~당진~홍성까지 하나를 연결하는 거대한 제2의 경부선전철노선이 될 게 확실하기 때문이다.

지가는 항상 전철개통시점에 가장 많은 상승폭을 기록한다.

지난 2021년 대한민국 토지거래가 처음으로 100조 원을 돌파한 바 있다. 단일 시군구 중 토지거래 규모가 가장 큰 지역은 경기도 화성시로 총 4조 1,160원이었다. 워낙 지역 이슈거리가 풍부하다 보니 투자자가 급증세다. 인구규모도 이미 90만 명을 넘어 머지않아 수도권에서 4번째 거대도시로 등극할 것으로 짐작할 수 있다. 송산그린시티, 서해선복선전철, 현대자동차연구소, 화성시청 소재의 남양뉴타운 등을 통해 지역진보를 꾀하는 상황이다.

합덕역, 안중역, 향남역, 송산역 일대는 외형상으로는 아직 농촌 모습에서 탈피하지 않은 상황이다. 그러나 그런 외모에 신경 쓸 시간적인 여유가 없다. 땅값 폭등현상과 함께 현장이 급박하게 변하는 상황이 지속되고 있다. 전철개통의 파급효과가 클 것이라 예상되니 지분 땅도 관심 가질 만하다. 서해선복선전철노선을 따라 소액 지분투자자들이 몰리는 상황이다. 소액투자자일수록 빠르게 움직여야 한다.

소액투자자들이 역세권에 투자할 때 실패하는 몇 가지 이유가 있다.

올라버린 땅값은 절대로 떨어지지 않는다. 특히, 이슈거리가 풍부한 화성, 평택 일대는 무섭게 오르고 있다. 소액투자자 입장에선 살 땅이 없다. 후회해도 소용없다. 망설이다가 결국 나쁜 땅을 사게 된다. 자본 부족으로 항상 늦게 투자전선에 올라탄다. 후회하는 투자는 후회하는 삶으로 연동한다는 사실을 알고 과감하게 움직일 필요가 있다.

서해안 역세권 개발

섬 땅이 뜨고 있다

전남 신안 일대는 온통 섬으로 둘러싸여 있다. 1,004개의 섬을 가진 무안에는 섬 땅이 줄고 있다. 섬에 다리가 놓이면서 섬이 아닌 육지로 바뀐 상황을 애써 표현한 것이다. 수도권의 도시인들이 섬 투자를 시작한 것이다. 매물로 나온 땅은 맹지이거나 개발이 불가능한 땅이다.

필자의 제안으로 대박 난 섬 땅(제부도 일대) 주인이 있다. 몇 해 전의 대박 펜션사장 이야기다. 해당 펜션은 섬 안쪽에 있는 땅으로 바닷가가 보이는 땅은 아니었다. 필자는 옥상에 루프탑 수영장을 제안했다. 당시만 해도 루프탑 수영장은 하나도 없었고 예상대로 대박을 쳤다. 손님들이 많이 찾아와 사장님은 운영하던 편의점을 접고 펜션사업에 올인하게 됐다. 벌어들인 수입으로는 주변 땅들을 추가 매입하기 시작했고, 염소나 토끼 등을 몇 마리 키우기 시작했는데, 이 역시 인기를 크게 얻었다. 지금 제부도 땅은 지속적으로 오르고 있다. 최근엔 요트체험, 해변의 테크길, 케이블카 등으로 365일 사계절 휴양관광지로 변모했다. 주변 땅값도 평당 800만 원을 호가한다. 그 인기도와 관심도가 높아진 상황이다. 섬 땅값의 놀라운 변모다.

이밖에 섬 땅의 매력을 느낄 만한 사례는 또 있다.

필자와 함께 평당 50만 원으로 섬 땅을 매입하러 다닌 멤버가 있었다. 대상지는 충남 원산도다.

원산도는 물고기를 잡는 어부들이 주생활을 하는 섬이지만, 대형 리조트가 들어간다는 계획이 있었다.

3년이 지나고 그곳에 연륙교가 개통됐고, 세계에서 5번째로 긴 해저터널이 개통돼 천지개벽이 일어났다. 평당 10만 원 하던 땅들이 평당 500만 원으로 급상승한 것이다.

지금 원산도에 가면 산머리마다 대형 베이커리 카페가 눈에 띈다. 힐링 인구와 더불어 새로운 투자자도 급증세다.

그러나 섬 땅투자가 무조건 성공하는 건 아니다. 투자할 땐 반드시 리스크 타파에 매진해야 한다.

섬에 투자할 때 주의할 점은 육지와 차량통행이 가능한지, 그리고 해당 필지의 진입로 확보 여부를 따져본다. 근린생활시설을 허가할 만한 입지 조건인지를 따져본다. 자연환경보전지역으로 개발행위에 제한된 땅인지 그 여부를 판별한다.

오지의 섬을 구입하면 안 된다. 연륙교가 있는 섬은 더 이상 섬이 아니다. 육지다. 섬에 연륙교가 연결되면 땅값만 5배 오른다. 거제도, 원산도, 고군산군도 등의 땅값 상승속도를 보면 잘 알 수 있다.

땅값 상승 후 바로 되팔 수 있는 땅은 바로 커피숍 허가가 가능한 땅이다. 따라서 허가조건에 필수사항인 진입로확보와 오폐수 관련 규제 등을 제대로 체크해야 한다.

경매시장에 나온 섬 땅의 경쟁률은 높다. 감정가도 높다. 경쟁 없이 낮은 가격에 낙찰된 적도 있다. 이런 경우는 개발행위가 불가능한 섬인 경우가 대부분이다.

섬투자의 핵심은 하나다. 개발행위가 가능한 섬과 보전가치가 높은 섬으로 분류된다. 환금성 보장을 원한다면, 당신은 어떤 섬을 선택할 것인가. 섬 땅투자 생각과 달리 어렵지 않으니 이참에 여러분도 과감하게 도전해보시라.

기존 섬에 대한 고착관념은 깊은 바다의 바닥에 버리고 진보적인 생각으로 한번 도전해보시라! 바야흐로 섬이 대세인 시대, 땅투자의 대체 상품으로 대한민국 섬이 최고 인기를 누릴 그 날이 분명히 올 것이라 확신한다.

섬에 다리가 놓이고 100배 땅값 상승

3장

'변수의 마술사' 땅의 매력과 강점

땅투자 소액으로 가능한 연유,
이런 땅을 사라

아파트투자시대 끝났다
땅으로 갈아타라

아파트시장이 심상치 않다. 이 분위기가 언제까지 갈지 예측불허라는 점이 더 큰 문제다. 수도권에서 반값아파트가 속출하자 부동산업계가 비상이다.

지난 2020년 7월 입주한 인천 송도 '더샵송도마리나베이'의 경우 전용면적 84㎡가 지난 8월 초 6억 5,000만 원에 팔렸는데 이는 올 2월 계약된 같은 면적 최고가(12억 4,500만 원)와 비교하면 6개월 만에 절반 수준으로 추락한 것이다(지난 기사의 일부분 참조).

앞으로 이러한 일들이 자주 발생할 것이라 예상돼 역전세 현상이나 깡통전세현상에 시달리는 사태가 벌어질지도 모를 일이다.

대출금리를 감당하지 못해 급매물이 쏟아지는 판국 아닌가. 사려는 사람이 없다 보니 시간이 갈수록 거래절벽이 심해지고 집값추락세가 계속 이어질 것이다. 거품주입현상을 인력으로 막지 못하듯 거품붕괴현상 역시 사람의 힘으로 막기에는 역부족이다.

정부의 계속되는 아파트공급량을 늘리는 정책 역시 집값 하락의 원흉이 되고 있다. 꽁꽁 묶인 경제상황 속에서 토지 또한 거래량 감소의 우려가 큰 상황이다. 그러나 가격상승세가 잠시 주춤할 뿐 아파트처럼 폭락하는 현상은 절대로 일어나지 않는 것이다. 그게 땅의 강점이다.

지금의 땅값은 지속적으로 오르고 있지만 상승폭이 일시적으로 둔화되는 것뿐이다.

수도권 땅값의 경우 폭등한 아파트가격의 영향을 받아 거품이 주입돼 있다. 차제에 현명한 토지마니아들은 땅에 관한 집중도와 관심도를 높이는 상황이다. 아파트투자자들이 땅투자로 기수를 돌리다 보면 희소성 높은 땅이 급감해서 풍부한 종잣돈을 품고 있는 자에게만 기회의 땅이 돌아갈 수 있다는 우려 때문이다.

경매시장도 뒤숭숭하기는 매한가지다. 경매시장에 나오기만 하면 1차에 100%를 훌쩍 넘겨 받아가던 아파트매물이 1회 유찰되는 건 상례다. 현시점에서 안전마진이 1억 원 이상인 매물들이 풍부하나 이런 매물도 유찰 대상이다. 시장참여자들 생각엔 1억 원 이상 하락할 수도 있다는 판단 때문이다. 이럴 때일수록 땅에 관한 관심도와 집중도를 높일 필요성이 있다.

지난 1964년 이래 단 한 차례도 땅값이 하락한 경험이 전혀 없었기 때문에 하는 말이다. 경매투자자들의 투자매물이 땅으로 바뀌는 연유다.

과거와 다른 분위기다. 전체가격으로 건물가치를 평가하는 게 아니라, 건물가치보단 토지가치가 저평가돼있는 매물 중에서 괜찮다 싶은 물건을 모색하고 있는 실정이다.

오갈 데 없는 투자자들의 자금이 토지시장으로 밀물처럼 몰려들고 있다. 필자는 그 이유를 8가지의 명제 때문이라고 본다.

1. 국토의 효율적인 개발과 보전
2. 전국 균형 발전
3. 수도권 과밀화와 노후화 문제의 해결

4. 국가경쟁력 강화

5. 지방의 신산업 대용 가능 공간구조 확보

6. 관광 및 주거문화의 트렌드 변화

7. 새로운 형태의 서해안 투자지도 형성

8. 새로운 대체 투자를 모색하는 MZ세대

요컨대 대한민국 정부가 해결해야 할 지상과제 중 하나가 바로 국토의 공정성 확보다. 국토의 균등발전의 선두주자는 역시 대한민국 제2의 서울인 세종특별자치시다. 작금의 세종시 땅값은 거반 미친 상태! 매물 자체가 없다고 할 정도로 귀하다.

세종시와 더불어 혁신 및 기업도시도 비수도권의 개발에 크게 공헌하는 입장이다. 그 근간엔 테크노밸리 첨단산업단지, 바이오밸리 벤처밸리 등 빠르게 변화하는 4차 산업혁명이 대한민국 국토의 변혁, 지도를 바꿀 수 있는 계기가 될 것이다.

작금은 토지투자의 골든타임! 아파트가 몹시 아파할 때가 또 다른 기회다. 수도권의 아파트가 규제 속에 거품이 쭉 빠지고 여기에 정부의 인구분산을 유도하고 수도권 집값 안정을 위해 지방주택의 1가구 2주택 규제 기준의 완화조치로 인해 지방분권화시대에 발맞추어 나가는 분위기다. 이를테면 여러 채의 세컨하우스를 통해 임대수익을 바라는 인구가 급증하고 있다.

토지의 가치를 업로드 시키는 방도를 적극적으로 모색할 때다. 이젠 아파트로 돈 버는 시대는 저물었기 때문이다. 아파트에서 땅으로 갈아타는 젊은 인구가 급증세다. 아파트는 대출 노선을 밟아야 하지만 땅은 대출 없이도 소액투자가 가능한 효자 투자 상품이다. 지난 정부 영끌로 마련한 아파트가 불효 상품으로 전락한 지금, 무리수 두면서까지 아파트에 투자하려는 젊은 인구가 곧 사라질 것이다.

더 이상 아파트는 MZ세대에겐 인기투자 상품으로서 매력을 상실했다. 매력을 잃으니 당연히 매매(매매능력)가 절벽일 수밖에 없다.

토지 가치(대자연의 가치)와
아파트 가치(대도시 가치)가
반드시 연결되는 이유

제품과 작품의 차이점은 현격하다. 품격의 차이가 워낙 크기 때문이다. 제품은 소모품이라 지속성이 낮지만 작품의 지속력은 뛰어나다. 여운과 여유가 깊게 남는 것이다. 사람들 가슴 속에 오랜 기간 그 잠재성이 잔존한다.

제품은 기술을 필요로 하고 작품은 예술과 관련 깊다. 그러나 기술과 예술은 반드시 연동한다. 불가분의 관계다. 사람 없는 부동산이 무의미하듯 기술 없는 예술 또한 무의미하다.

아파트와 토지의 차이가 곧 제품과 작품의 차이다. 아파트의 대지 지분인 완성도 높은 토지의 지속성은 높기 때문이다. 대지 지분은 아파트의 주춧돌이다. 이는 애초 생땅이 바로 아파트 재료(뿌리 씨앗)였기에 가능한 것. 생땅이 과정이요, 아파트단지의 조성이 결과이다.

아파트 입지가 결국 중차대한 과정이다.

아파트는 제품이다. 아파트의 성질은 공산품의 성질과 같아서다. 소모품(=소모성)이라 때가 되면 불가피하게 재건축 대상이 되고 만다. 완성도 높은 토지가 또 다른 아파트단지를 형성, 구성한다.

토지는 작품으로 손색없다. 토지의 성격과 대자연의 성질이 일치해서다. 영원히 소멸되지 않는 것이다. 소멸되는 순간, 땅이 아니다. 건축물의 대지 지분은 완성도 높은 토지로 영원하다. 대지 지분은 인근의 대자연의 존재감에 영향을 미친다. 대자연의 가치를 높인다. 가령 조망권이 생성된다. 누가 뭐래도 대자연은 인간이 만들 수 없는, 인간이 만들지 않은 작품이다.

그러나 아파트는 인간이 만든 제품이다. 부실시공이 발견되는 이유다. 아파트는 대자연(산과 물)을 응용한다. 조망권을 통해 프리미엄을 인공적으로 만든다. 대자연엔 공실현상이 일어나지 않는 것이다. 다만 자연재해가 일어날 뿐이다. 정리 정돈하는 과정이다.

대도시는 반드시 공실현상이 일어난다. 대도시의 특징은 바로 높은 인구집중도이기 때문이다. 인구집중도는 반드시 높은 수위의 거품을 동반한다. 인구급증현상이 일어나고 있는데도 공실현상이 일어나는 건 거품주입이 심각하다는 증거다. 부동산 폭등과 거품의 의미는 사뭇 다른 분위기이기 때문이다. 폭등하면 인구가 몰리고 거품은 거래의 장요요소다.

녹지지역은 공식적으로 공실현상이 일어날 수 없는 공간이지만 주거, 상업, 공업지역은 미분양과 공실현상이 일어나는 공간이다. 아파트는 대도시의 원료로서 대도시의 주축세력이다. 아파트를 부동산의 꽃이라고 부르는 이유다. 토지는 대자연을 유지할 주춧돌이자 지상물의 주춧돌이다. 토지는 건축물 밑에 있기 때문에(아파트의 바탕화면이 곧 토지다) 대지 지분(뿌리)을 포함한다.

토지답사과정은 숨은 그림을 찾는 행위다. 대지 지분은 현재가치이고 그 외의 완성도 낮은 생지들은 숨은 그림에 불과해 답사과정에서 그 잠재성을 찾기가 쉽지 않다. 숨은 사진은 없기 때문이다. 사진은 현재가치이자 현재 모습이다. 그림은 개발청사진이다. 미래가치다. 대자연은 대형그림, 신이 그린 수채화다. 인간이 절대로 그릴 수 없는 영역이기 때문이다.

대자연을 그린 화가는 신이지 인간이 아니다.

땅 답사하는 사람과 집 답사하는 사람의 차이는 크다.

땅 답사자 – '사람'을 찾는 자(인구증가현상과 가격상승현상은 비례하기 때문이다)

집 답사자 – '사랑'을 찾는 자(이웃사촌을 발견해야 한다. 층간소음이나 주차문제 등은 삶의 질을 저해하는 장애요소이기 때문이다)

토지투자는 타이밍이 중요하다. 예컨대 개발청사진을 보고 투자할 때 타이밍이 생명이다. 단, 집 매수행위와 건축 가능한 토지를 매수할 때의 타이밍은 가치가 아닌 사치일 수 있다. 실수요가치는 삶의 질과 일맥상통하기 때문이다. 시간에 지배 받는 대신 공간에 집중하는 게 현명할 것이다.

토지 답사하는 사람의 답사 목적은 두 가지로 점철된다.

개발청사진인 미래가치를 견지하는 것과 현재가치(건축행위 가능여부)를 견지한다. 집 답사는 대도시 답사요, 땅 답사는 대자연 답사다. 집은 완성품이요, 땅은 미완성 작품이기 때문이다. 답사과정 중 좋은 토지 찾기가 쉽지 않은 이유는 땅주인이 매물로 내놓으려 하지 않기 때문이다. 더 오를 수 있다는 기대감과 확신이 워낙 강해서다. 좋은 물건은 환금성이 높아 매물로 내놓자마자 금세 나갈 수 있다.

집은 현재가치요, 땅은 미래가치(숨은 그림)를 대변한다. 그래서 땅에 비해서 좋은 집 찾기는 수월한 편이다.

아파트투자와 토지투자의 품격이 판이한 이유

투자자는 부동산을 통해 '분만의 힘과 분할의 힘'을 견지할 필요가 있다. 그렇지만 분만과 분할은 아파트보단 토지(생지)의 성질에서 그 역할이 지대하다. 실수요가치가 높은 아파트 대신 토지에서 잠재력(=변수. 변화를 기대. 기원할 기회의 힘! 기획력)을 찾을 수 있기 때문이다.

완성물인 지상물에선 분만과 분할의 힘을 모색하기가 쉽지 않다. 서울 강남의 희소가치가 최고수준인데 시간이 갈수록 평당가 신기록을 세우고 있지 않은가(대지 지분의 가치는 여전히 대한민국 최고다).

토지 자체가 그 힘이 극대화될 모토가 분할과정이라면 한 지역 자체의 힘이 극화되는 모토는 분만의 힘이다. 파급효과다.

예컨대 1기 신도시를 대표하는 분당신도시는 2기 신도시를 대표하는 판교신도시를 분만해 신도시 신화와 신도시 성공투자를 이끌었고 역시 1기 신도시인 중동신도시는 3기 대장신도시 분만을 준비 중이다. 작금의 모습으로는 곧 출산을 앞둔 임신 9개월과 같다.

1기 일산신도시를 보유 중인 거대도시 고양특례시엔 3기 창릉신도시가 입덧 중이다. 부천시 전체인구는 감소세지만 중동신도시는 1기 신도시 중

인구밀도가 가장 높다.

결국, 좋은 땅의 조건은 분만이 가능하고 분할이 가능한 땅이다. 넓게 본다면 분만의 가능성과 분할이 연계되는 것이다. 인구를 분만해 젊은 지역으로 진화시킨다. 출산가능인구가 한 지역을 변화시킨다. 그러나 노인 인구가 증가한다면 분만능력이 약화된다. 인구감소가 우려된다. 노인인구와 젊은 인구의 차이는, 분만이 큰 틀에서 볼 수 있는 시야라면 작은 시야는 분할이다. 건축행위에 집중돼있어서다. 분만이 가능한 지역이 투자가치가 높고 분할이 가능한 지역은 건축행위가 수월하다. 분만과 분할의 의미를 필지와 획지의 개념으로 접근하면 무난하겠다.

분만은 분할을 낳는 것이다. 만든다. 필지분할과 획지분할 작업의 차이다. 전자가 개별적이라면 후자는 비개별적이다. 필지와 획지 역시 연계된다. 마치 큰 도로가 작은 도로를 필요로 하듯 획지는 반드시 필지를 선호한다. 필지 없는 획지는 무의미하다. 아니 무용지물이다. 획지가 대자연이라면 필지가 곧 대도시를 의미한다. 대자연 속에 예속, 소속된 게 바로 대도시 아닌가. 대도시 없는 대자연은 있어도 대자연 없이 대도시는 영속할 수가 없는 법. 자연의 순리. 역시 도시가 개발을 완성할 때 반드시 녹지공간이 거대한 모습으로 잔존하는 이유다.

요컨대 대지(들)의 과거가 모두 녹지(생지들이 모인 공간)다.

투자자는 가능성(잠재성)에 투자해야 한다. 기능성은 현재의 가치와 관련 있기 때문이다.

1. 분만이 가능한 지역을 선택하기
2. 분할이 가능한 지역을 선택하기(필지건 획지건)
   - 지분투자와 대지 지분(재건축)
3. 규제해제의 가능성이 큰 곳을 선정하기
   - 개발의 가능성과 연계, 연동된다

개발의 가능성은 '정리'와 연관, 연결된다. '정리'의 기술이 곧 재테크노하우이기 때문이다. 순리의 도구가 정리(정립)인 셈이다.

1. 도시가 도시를 낳는 국토 구조
2. 인구가 인구를 낳는 국토 구조

1의 상황과 2의 상황 역시 단절되면 투자가치를 염려하게 된다. 땅의 차이는 분만능력의 차이다. 집은 시간이 독이다. 소모품이라 세월 앞에 장사 없다. 차후 철거 대상이 되고 만다. 새로운 땅으로 옷을 갈아입는 것이다. 새로운 땅으로 재탄생하기 위한 시간투자가 만만치 않은 지경이다. 용적률 크기가 바뀐다.

그러나 땅은 건축 대상물이다. 철거 대상이 될 수 없는 미완의 부동산이기 때문이다. 잠재력을 기대하는 이유다. 잠재력을 정독 잘하는 사람이 성공투자자가 될 수 있다. '잠재력 정독능력'이 곧 부동산노하우인 셈이다. 잠재력을 볼 수 없어 현재가치를 모색한다.

지상 최고의 현재가치는 대기업이 조성한 대규모 아파트단지와 입주 주인과 주민들의 행태다. 즉, 주거인구가 한 지역의 핵심으로 투자가치를 가늠하는 잣대다. 주택투자자건 토지투자자건 매수를 결정할 때 반드시 필요한 투자의 무기, 도구다.

역시 부동산은 사람이다.

아파트와 땅값의
변곡점

아파트의 힘은 가격상승세다. 아파트가격이 오르는 이유(힘)는 실수요가 치와 투자가치의 일정 수준의 순환구조의 유지 때문이다. 사계절이 뚜렷한 우리나라에선 부동산 주기가 거의 일정하다. 오르거나 내린다. 부동산 마니아나 언론도 거의 거기에 집중하는 모양새다. 두 부류의 힘이 크다.

입때껏 오르고 내리고를 반복하거나 소강세 유지현상을 어긴 적이 거의 없다. 예비투자자들이 항시 대기하는 이유다. 가령 강수확률은 예상하기가 힘드나 기온(춥거나 덥거나) 예측은 거의 완벽하다. 정확한 수치 대신 체감지수 의존도(분위기, 군중심리)가 높은 것이다.

아파트가격은 영원히 오르거나 내리지 않는 것이다. 가격변화와 변덕이 너무 심해 지역별 가격차이가 크다. 부동산의 꽃인 아파트가 언론에 자주 회자돼서다. 강남3구는 언론의 중요한 기사 재료다. 토지와는 사뭇 다른 양상(성격)을 유지할 힘이다. 우리 국민은 언론 따라 자주 이동한다. 실수요인구인 주거인구가 몰리면 가격이 뛰지만, 미분양 및 미입주현상(악성 미분양현상)이 일어난다면 가격이 하락한다.

그러나 미분양현상은 영원할 수가 없다. 아파트는 땅과 달리 의식주 중주(주택)에 해당하기 때문이다. 누가 뭐래도 삶의 필수종목이 집이다. 내 집 마련의 꿈이라는 말은 있어도 내 땅 마련의 꿈이라는 말은 함부로 사용하지 않는 것이다. '입주'라는 말은 땅에선 절대로 통용되지 않는 것이다. 대신 '입성'이라는 말로 입주를 따돌린다. 입체적이지 못한 땅은 미래가치에 여전히 의지한다. 그 미래가치는 입지의 진화다. 예컨대 오지에 대기업 입성 소식이 들린다면 지역희망이다. 해당 지역주민을 비롯해 많은 사람의 관심도가 높아져 이슈화되기 십상이다.

의식주 형식과 형태에 따라 인구변화현상이 일어난다. 즉 아파트가격이 움직이는 건 실수요가치와 투자가치가 영원히 유지되기가 쉽지 않아서다. 인구에 의해 꿈틀댄다. 영원한 실수요인구는 없다. 가격이 지속적으로 뛰면 투자가치에 집착할 수밖에 없기 때문이다.

투자가치(시기)가 지난 부동산은 실수요가치를 기대하지만, 이 역시 영원하지 않다. 주거인구가 지배하고 있는 실수요가치가 말이다. 내 부동산 인근에 지하철이 연장되거나 큰 도로가 신설된다면 실수요가치에 변화의 물결이 일어나기 때문이다. 인구이동현상이 촉발된다. 부동산의 가치(신분)는 사람의 가치(신분)와 일맥상통한다.

죽는 방법보다 사는 방법이 더 많아 인간이 살 수 있듯 성공할 방법이 실패하는 방법보다 더 많을 수 있어 투자자가 여전히 존재한다. 이 땅에 사람이 존속하는 이유(힘)다.

사람과 부동산의 차이가 무엇인가. 성격이나 품격은 엇비슷하나 상이한 점이 있다. 사람의 장점은 많으나 부동산의 장점은 적다. 사람에겐 표현의 자유인 언어가 존재하기 때문이다. 하드웨어(부동산=자연)와 소프트웨어(인구)의 차이다. 부동산은 사람(부동산주인, 부동산보호자)에 의해 표현되는 재화다(예-용도, 용적률).

땅값상승의 원동력은 무엇인가.

아파트 증가와 무관치 않다. 즉 크고 작은 택지가 증가하고 있다. 맹지가 택지화 되는 경우의 수가 발생한다면 땅값은 오른다. 택지의 의미는 광범위하다. 주택과 그 이외의 부동산종목들이 함께 입성하기 때문에 배치구도가 다양하다. 주거시설과 업무 및 상업시설은 함께 작동한다. 별도로 움직이는 경우는 없다.

아파트 주가(가치)가 바뀔 때 인근 땅의 가격은 오르기 마련이다. 아파트 주위와 주변엔 반드시 녹지공간이 있기 때문이다. 주거지역 인근엔 반드시 녹지지역이 공존하는 게 부동산 구조다. 땅값이 오르는 이유는 주기적으로 발표, 발효되는 개발계획 때문이다. 그 개발계획 안엔 반드시 의식주의 주가 포함돼있다.

여러 유형의 도시개발계획의 결과물이 바로 아파트 등 주거시설물의 입성현상이다. 사람들이 입주를 시작하면서 동네가 변한다. 한 지역의 핵심이 바로 주거공간과 주거인구다. 유동인구가 핵심인구가 될 수 없다. 상업공간이 한 지역의 핵심일 수는 없다. 주민등록인구를 지탱하는 주거지역이 핵심이다. 유동인구가 한 지역의 주인은 아니다. 무조건 주거인구가 주인이기 때문이다. 소속감이 현장감과 박진감을 만든다. 개발 및 재개발과정에서 아무리 굴러온 돌이 박힌 돌을 빼낸다고 하지만 박힌 돌의 힘은 지역 뿌리다. 함부로 건드리지 못한다.

도시개발계획은 위정자와 정치희망생(정치희망자, 예비정치인)의 희망 공약 재료다. 주기적으로 다가오는 선거철에 이용한다. 발표, 발효한다. 이용범위에 따라 가치변화가 달라질 것이다. 결국은, 부동산 개발청사진은 도시개발계획이요, 이는 맹지가 택지로 변하고 맹지가 대지로 신분이 바뀔 수 있는 기회다.

지역개발청사진과
지역성질

땅투자자에게 주어진 두 가지 명제와 과업이 있다.

투자하기 전에 방향설정을 제대로 해야 시행착오를 막을 수 있다.

'지역의 개발청사진'에 투자하는 경우

미래에 돈을 던지는 경우로 변화에 투자한다. 시간에 투자하는 행위다. 투자자입장에선 투자기간이 매우 중요하기 때문이다.

좋은 컨설턴트 만나 중요한 필요한 자문을 받는 게 정론, 정도다.

'지역의 성질'에 투자하는 경우

현재가치에 집중하는 것으로 예컨대 유동인구 혹은 주거인구 등 인구가 꾸준히 증가하는 곳에 집중한다. 공간에 집중한다. '현재'의 존재가치에 집중하기에 투자기간 따위는 불요불급하다. 즉 현재가 가치요 현재 이외의 것들은 사치이다. 보이지 않는 것엔 관심을 두지 않겠다는 의중이 다분하다.

해당 지역 공무원 통해 현재가치를 극대화한다.

지역성질에 집중투자하는 게 안정적일 수 있는데 이는 변수가 적기 때문이다. 지역성질(유전자-지역 혈액형)은 쉽게 변질되지 않기 때문이다. 그러나 개발청사진은 쉽게 변하거나 변질될 수 있다. 투자자들이 쉽게 불만을 토로할 수 있다. 개발기간에 여러 가지 변수가 발생한다. 그 변수를 통해 가격변화현상도 일어난다. 개발기간이 곧 가격이 변하는 기간이다. 이를테면 지금 공사가 한창 진행 중인 서해선복선전철사업이 이에 해당한다.

　개발하는 동안에 땅값이 추락하는 경우는 없다. 좋은 땅을 모색하기가 어렵듯 땅값추락지역을 찾는 것도 매우 힘들다. 아파트와는 전혀 다른 모습이다. 작금의 아파트 추락현상과 딴판이다.

　한 지역의 숨어 있는 여러 성질(예-잠재성과 희소성)을 모색하는 게 투자자의 사명이다. 숨어 있는 성질을 모색할 수 있다면 일단 성공이다. 개발청사진과 지역성질의 차이는 개발청사진은 숨어 있지 않지만 지역성질은 숨어 있다는 사실이다. 개발청사진은 인간이 만들 수 있지만 지역성질(자연환경-입지, 고정성)은 자연이 만든 사안이기 때문이다.

　지역성질이 인간이 만들 수 없는 영역인 건, 지역성질의 원자재(원천)가 바로 대자연이기 때문이다. 지역성질은 대자연으로 구성돼있다. 개발청사진은 지방자치시대에 위정자들의 개발공약사항이다. 그렇기 때문에 우선 지역성질부터 분석하고 나서 개발청사진을 뜯어보는 게 순리다. 지역성질이라는 바탕화면(입지, 자연환경)에 위정자가 개발조감도를 그리는 것이다. 바탕화면에 문제가 있다면 개발진행에 문제점이 노출될 게 빤하다. 앞서 강조했듯 콩 심은 데엔 반드시 콩이 나기 때문이다. 콩 이외의 변수(행운)를 바라는 건 도둑놈 심보다.

　지역성질 범위 안에 지역의 개발계획이 존속하는 구조다. 즉 지역성질이라는 그림(대자연) 속에 개발그림(대도시나 신도시)을 그리는 것이다. 개발청사진의 원료가 지역성질인 셈이다.

　지역성질을 반드시 정밀하게 접근해야 하는 이유다.

이로써 개발의 자유는 곧 표현의 자유이다. '개발의 자유 범위'는 '표현의 자유 범위'로 중요한 건 구체적으로 법률적으로 정해지지 않은 상태라 지역잠재력이 크다는 것이다.

결국, 개발은 인간과 공간(부동산)의 인연(공유)을 통해 발현한다.

수도권에 투자하는 방도 – '개발정보'에 투자하는 경우가 많다. 가령 3기 신도시 주변가치에 투자하는 경우도 있다.

충청권에 투자하는 방도 – '지역성질'에 투자하는 경우가 많다. 가령 낮은 공기오염도를 바탕으로 지역이 진보할 수 있다. 힐링공간으로 제격이다. 건강 도시공간의 표상이 될 수 있다. 건강 도시라는 사실이 외부에 알려지면 인구유입현상이 본격적으로 일어나기 시작한다. 불이 붙는 것이다.

'개발정보'에 투자하는 방도 – 인구증가현상에 집중하는 경우(변화를 반기는 입장)

'지역성질'에 투자하는 방도 – 인구보다는 지역성격과 품격에 집중하는 경우(지속성을 고수하는 입장)

투자유망지역을
선정하는 기준

　실수요자인 상주인구가 인구의 질적 가치를 보존할 때 투자자인 가수요자 입장에서는 인구의 양적가치에 매진한다. 인구가 유입돼 주거인구가 증가한다면 질과 상관없이 거품이 유입되기 마련이기 때문이다.

　거품은 수요자입장에선 큰 부담감으로 다가오지만 투자자입장에선 대환영이다. 입장차가 크다. 인구유입효과는 가치를 한 단계 이상 끌어올릴 수 있는 도구다. 예컨대 노인인구 대신 젊은 노동인구를 원한다. 일자리와 더불어 출산인구도 바랄 수 있는 구도(기회)이기 때문이다.

　인구증가의 요인은 두 가지다. 외부로부터 유입되는 인구와 출산인구가 바로 그것이다. 젊은 인구가 유입되면서 지역이 젊어진다. 일자리와 아이 인구가 생겨 지역의 존재가치가 젊어진다. 고용효과(현재가치)와 출산효과(미래가치에 대한 기대감이 높아짐)를 목도할 기회다.

　투자유망지역을 선정하는 기준이란 미래에 대한 전망이 확실한, 밝은 공간을 선정하는 가늠자다.

　1. 인구증가지역을 선택한다. 급증지역 대신 지속적으로 증가하는 곳

을 선택한다. 급증지역은 거품가격을 수반할 수 있기에 투자자가 거품에 희생당할 수 있다.

2. 인구증가지역과 더불어 개발이슈가 단단한, 즉 개발의 타당성이 높은 지역을 선택한다.

3. 늙은 도시 대신 젊은 도시를 선택한다. 낡은 도시 대신 젊은 도시를 선택한다.

재생의 가치를 기대할 공간을 모색한다. 늙은 도시와 낡은 도시의 의미는 상이하다. 늙었다는 건 많은 시간이 지났음을 의미하나 낡았다는 건 사용량의 극대화를 의미하는 것이기 때문이다.

예) 도로사용량과 교각사용량의 증가현상 – 차량이동량이 증가하고 있다는 증거다. 사용가치를 최대로 끌어올린 상태다.

주거시설 사용량이 증가하는 경우 – 사람들 이동이 양적으로 포화상태라는 증거다. 이때 도시지역 자연녹지지역의 활용가치가 높아질 수 있다. 가령 1기 신도시인 분당신도시가 애초보다 훨씬 넓어진 건 인구팽창에 따른 개발행위 영향 때문이다. 즉, 자연녹지지역의 용도(신분상태)가 변해 오늘날의 분당신도시의 위용이 수면 위로 떠오른 것이다. 여전히 투자자가 증가하고 있다. 판교신도시 주변으로 땅투자자가 몰리는 이유가 무엇인가.

이처럼 부동산은 그 영향력이 주변으로까지 연동해, 많은 사람들이 그 생명력과 지속력에 매료돼 일제히 투자를 하겠다는 다짐을 할 수가 있다. 대대적으로 군중심리가 작동한다.

주변 정리와 마음의 정리가 함께 필요한 때가 온 것이다.

이때 성공한 사람과 실패한 사람이 함께 속출한다. 개별적으로 만족도가 다 다르기 때문이다. 어떤 사람은 1억 원에 만족감을 크게 느끼고 어떤 사람은 10억 원에도 불만족인 경우가 있기 때문이다. 남이 보기엔 성공했는데도 본인은 실패자라고 우기는 경우도 볼 수 있다. 개별적으로 목표가 같을 수가 없기 때문이다. 눈높이, 목표, 목적이 다 다르다. 추구하는 이상이 개별적으로 다르다.

그래서 앞서 설명했듯이 각자의 품격을 존중해주는 습관이 필요한 것이다. 그 개성을 인정해줄 때 함께 성장하고 성숙해지는 것이다. 남을 죽이고 내가 살겠다는 건 진정한 성공이 아니다. 남과 함께 성장하는 게 진정한 성공이다.

예컨대 한 지역이 성숙하고자 한다면 노인인구와 노동인구, 젊은 인구가 함께 사는 것이다. 지나치게 편중된 인구집중도는 지역발전에 해가 된다. 누가 봐도 불균형이다. 국토가 균형발전해야 하듯 한 지역도 균등한, 균형 잡힌 발전이 돼야 비로소 삶의 질적 가치를 드높일 수 있다. 각자가 만족도가 높아야 그곳이 바로 누구나 공감할 행복 공간 아닌가.

부동산시계에서의 '정치'와 '정리'의 의미를 되짚어봐야 하는 이유다. 앞서 설명했듯 땅의 정지작업 등은 관리 그 이상의 의미를 부여한다.

부동산의 '정치' – '가치'의 가늠자(부동산의 배치구도를 정리 정돈할 기능을 함유하고 있다)

부동산의 '정리' – '순리'를 따른다. 지나치게 과대포장하거나 침소봉대하지 않는 것이다.

부동산 '정책'은 부동산 '정치'를 필요로 한다. 이는 성공적인 정책을 수행하기 위한 열정인데 정책엔 현미경이 필요하고 정치는 망원경이 필요하다. 정책의 가치(기능)를 조율, 제어할 힘이 곧 정치인 셈이다. 그래서 탁월한 탁견을 가진 지역 위정자가 반드시 필요하다.

요컨대 부동산을 향한 순리와 정치란 희소가치를 극대화 시킬 수 있는 요체다. 희소가치는 지루함과 따분함을 단번에 해결, 해갈하는 사막의 오아시스 같은 존재다. 이때 가격상승의 효과가 단번에 나타나는 건 당연한 논리다.

부동산을 향한 순리와 정치가 희소가치의 도구(재료)다. 순리를 고수하고 정치를 적극 수용할 여력(이해력)이 곧 만족스런 성공 투자의 지름길(도구)이다. 성공은 성숙한 삶을 살기 위한 도구다. 만족스런 성공이 곧 성숙인 셈이다. 성공했지만 만족감과 행복감을 스스로 느끼지 못한다면 그건 불행한 성공이다.

인구 – 한 지역의 가치를 극화 시킬 수 있는 소프트웨어(인물)

부동산 – 하드웨어 기능을 가진 지상물 혹은 미완성물

인구와 부동산이 곧 지역 구성 요소다.

문장(글)의 구성요소가 주어와 동사(술어)라면 투자(땅)의 구성요소는 답사(소프트웨어, 동사의 상황)와 세미나(하드웨어, 주어상태)다.

진보하지 않은 채 다양한 하드웨어 상황에 장기간 놓여 있다면 그건 일종의 희망 고문이다. 비유컨대 공실률 높지만 계속해서 높은 건물만 지어대는 상황이다. 부동산을 움직일 구성요소는 가격(하드웨어)과 가치(소프트웨어)의 결합상태다.

소프트웨어 없는 하드웨어는 무가치하기 때문이다. 예컨대 답사과정(소프트웨어)을 무조건 생략한 세미나(하드웨어)는 무용지물이다. 이론과 지식, 상식으로 투자하지 말고(이런 경우는 희소가치가 거의 제로다) 활발한 임장활동을 무기로 움직이자.

임장활동을 하겠다는 건 마음을 움직이겠다는 의지 표명이다.

즉, 투자의 의지가 강한 것이다.

이론과정은 설명과정에 불과하기 때문이다. 퇴보상태로 하드웨어 상태의 지속이다. 1,000번의 이론공부보단 가슴을 움직일 단 한 번의 임장활

동이 낫다. 이는 진보와 진화의 과정이기 때문이다. 설득력 있다. 이론보
단 임장활동이 중요한 건 이론은 경험이라고 말하지 않지만 임장활동은
실험이자 모험, 경험이라고 당당히 말할 수 있기 때문이다.

답사과정은 설득의 과정으로 힘(독해력)이 동반, 수반된다(소프트웨어). '설
명력'은 존재하지 않지만 '설득력'이라는 단어는 자주 사용한다. 설득력은
이해력이요, 설명은 암기기술에 불과하다. 지속력이 매우 낮아 냄비근성
이 강하다. 순간적이다. 그래서 설명은 하드웨어상태지만 설득과정은 소
프트웨어라 할 수가 있다.

투자유망지역의 선정기준은 소프트웨어가 동반된 가운데서 발현, 발견
되는 것이다. 하드웨어 자체는 대자연상태에 불과하기 때문이다.

아파트와 토지투자 유망지역

　　누가 뭐래도 '투자유망지역'은 '강자가 집중 몰려 있는 공간'이다. 함께 이해할 대목(명제)이다.

　　예컨대 영원한(!) 투자유망지역은 서울 강남3구 지역이다. 이곳엔 강자들이 집중적으로 몰려 있기 때문인데, 강남 부동산기사를 집중적으로 내보내는데 일등공신을 하는 언론사 간부가 강남의 집주인인 경우가 많다. 사는 곳은 달라 투자 목적으로 보유하고 있는 것이다.

　　정치인과 경제인이 강남에 많이 살고 있다는 건 기정사실이라 새롭지 않다. 새삼스럽지 않다. 부동산으로 치면 작은 도로가 정치인이요, 큰 도로가 경제재벌인 셈이다. 이들은 서로 항시 하나다. 둘이 아니다.

　　유명연예인과 법조인까지 강남에 몰려 있다. 이들의 힘이 갈수록 막강해지는 건 기정사실이다. 서로 간 정보를 공유할 능력이 탁월하기 때문이다. 서로를 이해한다. 이해는 진보와 진화를, 오해는 분열을 의미한다.

　　결국 국토는 강자가 몰려 있는 공간과 약자로 구성돼있는 곳으로 나뉜다. 언론 통해 수도권과 비수도권, 서울 강남과 강북으로 선을 긋는 이유다. 분명한 사실은, 강자와 약자가 하나가 될 수 없는 현실이다. 정보의 힘을 이용하려는 부자들은 사업파트너를 만나지 서민에게 시간투자하지 않는 것이다.

'제2, 제3의 강북'은 존재하지 않지만 제2, 제3의 강남은 영원히(!) 존속 할 것이다. 증가한다. 강남은 대한민국 부의 상징이자 부동산의 아이콘으로 이미 자리매김한 상태 아닌가.

경기도 일대는 토지투자로 유망한, 유명한 지역이다. 지금과 같은 강남의 힘이 계속 유지된다면 제4, 제5의 강남이 충청권 일부지역으로도 퍼질 가능성도 있다. 이를테면 서해선이 생길 충남 당진이 인근의 평택 화성의 힘에 영향을 받아 도약지점을 도출해낼지도 모를 일이다. 경기도 일부지역 거품수준이 상상을 초월해서 하는 말이다. 서울 거품으로 인해 경기도 인구가 증가하듯 경기 일부지역의 거품 또한 충남지역을 새로운 투자공간의 대안으로 떠오르게 할 것이다.

필자는 충남권의 도약과 비약이 국토균형발전의 시발점이 될 수 있다고 본다.

부자가 더 강한 부자가 되는
프로세스

부자가 더 강한 부자가 될 건 부자들에겐 '강남3구 아파트에 투자할 힘'과 '토지개발이 가능한 힘'을 보유하고 있기 때문이다. 땅투자에 크게 성공한 사람들은 모두가 큰 부자들이다. 아파트투자와 비교할 수가 없는 건 생땅은 아파트의 원료이기 때문이다. 오름폭을 비교할 수가 없는 이유다.

앞서 설명했듯 대지 지분과 같은 완성도 높은 토지에 의해 인근 가치가 변해, 또 다른 가치가 발생할 수도 있다.

가격이 또 다른 형식의 가격을 낳는 것이라면 거품을 의심하게 되지만 가치는 다르다. 가치를 의심하는 경우는 거의 없기 때문이다. 가치는 관심의 대상이라 가치가 또 다른 형식의 가치를 낳을 때 가치의 또 다른 이름을 '희소가치'라고 말한다.

부자들은 환금성 높이는 방도를 잘 알고 있는데 그건 정보력과 자금력을 함께 보유하고 있기 때문이다. 땅을 사서 실수요가치를 높일 수 있다. 단기투자로 큰 부자가 될 이유다.

매입비용과 개발비용(건축비용)을 보유했고 토지활용방법(노하우)에 대해 잘 알고 있다. 금력과 정보력을 보유하고 있다.

반대로 서민의 경우엔 단기투자가 힘들다. 스스로 실수요가치를 높일 수 없는 처지라서다. 지분투자에 의지할 수밖에 없다. 지분투자 시 주의 사항을 수호할 필요가 있다. 지분투자로도 부자가 될 수 있지만 대형평수를 지분투자하는 건 위험하다. 지분자가 너무 많다면 땅 가치를 알아볼 수 없는 처지가 되고 말 것이다. 용도지역이 혼재돼 혼란을 가중시켜 기준을 잃고 만다. 내 땅 주변으로 소액투자자가 너무 많고 기준이 들쭉날쭉할 수 있다. 관심도와 집중도가 떨어진다.

오지 안의 땅을 지분투자하는 건 지양해야 한다. 지분투자로 성공을 하려면 소형평수를 선택하고 개발계획이 단단한 상태인지를 잘 알아봐야 한다. 개발의 타당성이 낮은 곳에 지분투자하는 것 역시 지양해야 한다. 개발이슈거리가 있는 소형토지엔 항시 사람들이 몰리기 마련이다. 가격상승의 동력과 지속력이 높다. 높은 희소가치 때문이다.

개발계획이 전무한 상태이거나 뚜렷한 목적의식 없이 지분투자하는 건 정말 위험하다. 낭패다. 대운만 바랄 수밖에 없기 때문이다. 아파트투자와 더불어 땅투자도 실수요가치에 투자한다면 환금성을 높일 수 있다.

아파트의 실수요가치는 조망권이나 일조권, 역세권 등 개성이 강한 세력들의 연계를 감안한 경우이고 땅의 실수요가치는 내가 직접 건축행위를 할 수 있어, 땅을 업그레이드 시켜 100% 안정세를 유지할 수 있다. 실수가 없다. 상수(부동산법률과 원칙을 통해 실수요가치를 지켜본다)를 고수하면 되기 때문이다.

다만 해당 지자체를 통해 개발사안을 알아보지 않고 중개업자를 통해 입수한 정보는 불투명, 불확실하다는 사실을 바로 인지, 이해할 수 있어야 한다.

중개업소의 정보는 언론의 정보와 흡사하다. 가짜뉴스가 난무할 수 있기 때문이다. 그러나 지자체에선 가짜뉴스가 없다. 중개업소는 언론을 통해 정보를 입수하는 경우가 많다. 지자체 통해 얻는 지식정보는 상수이고 언론 통해 얻는 정보는 변수와 직결된다. 즉 부동산의 현재가치를 알아보는 곳은 지자체이고 부동산의 미래가치를 알아보는 곳은 언론이다. 실용가치는 지자체에서 알아보고 미래가치는 신문 등 언론 통해 알아보는 것이 일상화 혹은 관례화돼있다. 부동산이 현상 유지될 이유다.

100억 부자,
꿈이 아닌 현실이다!

미용실 가는 날은 원장님 이야기를 들어주느라 시간 가는 줄 모른다. 세상 이야기와 유행을 빠르게 공유, 공감할 정보 공간이 바로 미용실이다.

원장님은 여느 때와 마찬가지로 필자가 가는 날을 기다리고 있었다. 부동산 이야기를 하고 싶어서다.

손님 중 한 분이 갑자기 100억 부자가 됐단다. 아버지가 돌아가시면서 남겨준 땅값이 갑자기 100억에 이르게 됐다는 것이다. 필자에겐 사실 이런 이야기가 새롭지 않다. 익숙하다. 주변에서 자주 들을 수 있는 흔한 레퍼토리다. 많은 자본가들의 투자의 성공사례, 농부가 100억 토지 보상금 받은 사례 등은 필자 주변에서 일어나고 있는 흔한 일이다.

필자에게도 대박 터진 적이 있었다.

우연히 매입한 땅 한 필지 가치가 무려 100억 원 상당에 이른 것!!

필자는 새벽 6시에 책상에 앉아 온라인에 올라온 신규 매물을 자주 체크하곤 한다. 세종시 금강라인을 따라 2차선 도로 옆에 시세보다 5배 저렴한 땅이 매물로 나온 걸 발견하곤 온라인 지도서비스 및 공부를 확인하고 해당물건 권리분석을 했다.

시세 대비 저렴하게 나온 매물은 하자가 있기 마련이다. 싸고 좋은 땅을 매도하는 부동산주인은 없을 테니까.

싼 매물 중 좋은 땅이 없다는 것이다. 현금이 부족한 사람들은 접근성 낮은 맹지를 만날 확률이 높다. 돈 되는 땅은 금세 나간다.

필자를 유혹한 이 매물 역시 2차선 도로와 떨어진 맹지였다. 그런데 간혹 하자가 있는 땅 중에도 반드시 잡아야 할 대상이 있다. 맹지가 리스크 크다는 사실을 알고도 필자가 이 땅을 잡게 된 데는 나름의 부동산철학 때문이다. 선(先)선점 후(後)복구라는 신념으로 적극적으로 공격적으로 도전, 접근한 것이다.

추후 알아본 사실이지만 실질적으로 이 땅은 맹지가 아니었다.

온라인으로는 주변 토지를 다 볼 수 없는 상황이었기 때문이다. 필자는 현장에 가보지도 않고 계약금보다 더 많은 1억 원을 입금했다. 환불이 불가능한 금액만큼을 입금한 것이다. 원래 7억 원짜리 매물인데 5억 원의 담보대출이 가능해 현금 2억 원으로 땅 매수에 성공할 수 있었다.

땅을 사고 6개월이 지난 후 세종시로부터 안내문 한 장이 날아왔다. 필자 땅을 매수하겠다는 내역이었다. 4차선 도로가 날 것이라고 확신하고 해당 땅의 입지를 지속적으로 검토했던 결과이다. 평당 100만 원에 매입한 이 땅은 맹지의 문제가 해결되고 나서 평당 500만 원짜리로 대변신! 도로가 확ㆍ포장되고 주변에 역세권 개발소식까지 나온 지경. 겹경사 덕분에 평당가격 2천 만 원을 예상할 땅으로 거듭나게 된 것이다.

현금 2억 원을 주고 산 땅이 지금은 140억 원 땅으로 대변신한 것이다.

100억 부자가 꿈이 아닌 현실이 된 것이다.

100억 부자의 투자마인드(잘생긴 성공습관이 돈을 부른다)

1. 투자를 일상의 삶으로 승화시키자.
2. 준비하는 자에게 황금 땅이 온다.
3. 평소 현장에 대한 지역정보를 꿰차고 있어라. 매물마다 일일이 현장 답사과정을 밟을 필요가 없이 결정을 용이하게 할 수 있기 때문이다.
4. 레버리지를 활용해 자산증식효과를 가속화, 극대화 시키자.
5. 저평가 매물을 알아볼 수 있는 안목을 키우자.
6. 전략적인 투자로 리스크를 최소화하라.

MZ세대들이
땅으로 몰리는 이유

MZ세대들의 적극적이고 공격적인 토지시장의 개입에 자주 놀라곤 한다. 최근 수원 광교 일대에선 30대 젊은 남성이 30억 원을 투자한 사례를 목도한 적이 있었다. 겁은 없었지만, 현금이 많았다.

최근의 젊은 사람들의 특징 중 하나다.

단순히 땅투자를 떠나 토지개발을 전문적으로 배우고자 필자에게 찾아오고 있다. 즉, 소극적인 투자형태가 아닌 적극적이고 능동적인 투자비법을 알려달라고 아우성이다. 저평가된 땅을 통해 최고의 수익률을 노리겠다는 의지가 다분하다. 합법적이고 합리적인 개발행위를 통해 수익의 만족도를 높이고자 노력 중인 것이라 보기 좋다. 2030대들에겐 토지매입부터 개발까지의 일련의 과정이 낯설지 않은 지경이다.

역시 겁이 없다. 20대의 한 남성은 12억 원의 종잣돈으로 땅투자를 준비하고 있었는데 그 사연은 아파트와 관련 깊다. 몇 해 전 여러 채 아파트 투자를 한 게 대박이 난 것이다. 아파트시대가 이젠 종말이라고 단정 짓고 미련 없이 과감하게 땅으로 환승하게 된 것이다.

결국, 젊은 층이 기성세대들과 다른 건 과감한 추진력과 결단력, 그리고 통찰력 등이 하나의 힘이 됐다는 것이다. 그들만의 철두철미한 철학을 그 누구도 꺾을 수 없다. 자신감이 대단하기 때문이다. MZ세대들이 땅으로 갈아타려는 의지의 표현은 막지 못한다. 내 집 마련의 꿈은 사치라는 생각이 지배적이다. 부모로부터 물려받은 집을 통해 대변신, 혁신의 꿈을 꾸고자 한다. 그들이 무턱대고 땅으로 기수를 돌리는 건 아니다. 목표가 확실하다.

1단계 목표는 자산증식이요, 2단계 목표가 개발행위로 건물주가 되거나 개발수익을 극대화하는 것, 그리고 마지막 3단계로는 '로망의 공간마련'이다.

요즘 도심 외곽을 가게 되면 쉽게 목도되는 게 바로 젊은 연인들이 독립된 공간 안에서 즐기는 힐링 모습이다. 이는 호황사업인 카라반사업과 깊은 연관성이 있다.

수도권 고가의 땅 대신 경관이 뛰어난, 개성만점의 지방 땅에서 새로운 힐링을 원한다. 지방엔 소액으로 움직일 기회의 땅이 제법 많다. 다양하다. 소액으로 움직일 투자공간이 다양하게 구비돼있다. 굳이 수도권에만 집착할 필요가 없다. 이참에 시력을 광대하게 발산해 나만의 땅 보는 실력을 키우는 건 어떨까 싶다.

공동투자나 지분투자를 통해 움직인다. 위탁사업을 맡기면 매달 고정수익이 발생한다. MZ세대에게 이보다 안정적인 투자처가 또 있을까 싶다. 정보에 둔감해서 그렇지 부지런히 움직이면 돈이 보인다. 카라반, 풀빌라사업 등은 사실상 젊은층에게 인기 있는 투자 상품으로 자리를 잡은 지경이다. 최근 젊은 층에서 땅을 통해 성공한 케이스가 증가하고 있기 때문이다.

최근 천안 일대를 답사한 적이 있었다. 90년대 생의 한 카페 창업주를 만날 수 있었는데, 그는 놀고 있는 땅을 가치 있는 공간으로 바꿔 되팔아주거나 낡은 시골의 공간을 리모델링해 풀빌라나 커피숍 등으로 재탄생시

서산 바닷가 카라반사업부지 개발

카라반으로 월세수익

서해안 골든벨트에 내 땅을 찍어라!

켜주는 일을 하고 있었다.

필자와 필자 회원들이 함께하는 투자방식, 그리고 회원들에게 적극 추천했던 사업아이템이어서 몹시 반가웠다. 그가 만들어 놓은 풀빌라의 경우 1박에 85만 원(성수기 기준)이었고 1년 예약이 이미 끝난 상태였다. 방 1개의 경우 매월 2,700만 원의 수입, 방 4개의 경우 월 8,700만 원의 수입이 발생하고 있었다. 종종 촬영 스튜디오로 렌탈의뢰가 들어오는데 1일 기준으로 45만 원을 받고 있었다.

MZ세대의 최대 키워드는 경제적 자유다. 주변에 거액의 토지보상금을 받았다는 소문들을 접하고도 자극을 받지 않는다면 큰 문제다.

기성세대와 달리 온라인에 익숙한 젊은층에게 적극적으로 추천한다. 공동체 형성을 통한 지분으로의 땅을 매입하는 게 그다지 어려운 일이 아니다. 의심 대신 관심을 갖고 필자와 함께 움직이면 된다. 부자가 되기 위해선 부자를 그대로 따라 하면 그만인 것이다. 화려한 재테크 기법보단 화력이 넘치는, 활력이 넘칠 만한 재테크 기법에 집중할 때다.

현재의 아파트시장에서 당신의 꿈을 이룰 수 있다고 보는가. 영끌 투자를 통해 잠시 아파트가 폭등했지만 작금의 아파트시장을 보면 미래가 어둡다. 앞뒤 잴 시간이 없다. 지금 당장 땅으로 기수를 돌리자. 젊음에 투자하자. 땅은 젊다. 땅은 나이를 먹지 않기 때문이다.

아파트는 수명이 있지만 땅의 수명은 없다. 젊음과 땅의 공통점은 잠재력이 높다는 것이다. MZ세대에게 잘 어울리는 게 땅이다. 땅을 통해 당신의 창의력을 발산하라!

4장

실패를 방어할
땅투자 십계명

땅투자 이것만 조심하면 된다

실패를 방어할
땅투자 십계명

땅투자 십계명엔 정답은 없지만, 해답은 있다. 해답이란 노하우로 개별성이 다 다르다. 자신의 입장, 개성(처지)에 맞는 철학이 필요하다. 남의 노하우로 투자한다면 낭패 보는 경우도 있기 때문이다. 만족도가 떨어진다. 밑 빠진 독에 물 붓기로 헛수고하고 있다.

땅투자 십계명은 비교분석이 긴요하다. 변하지 않는 부동산 구조 때문이다. 큰 부동산과 작은 부동산은 항시 공존하고 큰 도로와 작은 도로 역시 공존한다(이는 땅 개발의 최초 작업인 분할과정을 통해 분류된 지경). 투자자 입장에서 비교분석이 필요한 이유다.

1계명
입지분석의 의미부터 관철하라. 접근성의 재료를 모색하라.
예) 지역 랜드마크, 인구 등
(지역 랜드마크의 가치는 인구와 반드시 직결돼야 마땅하다. 물론 인구를 지역 랜드마크로 인지하는 경우도 있다. 궁극적으로는 지역 랜드마크에 집중하는 건 인구를 중요시하는 것이기 때문이다. 즉, '주거인구의 원료'가 '지역 랜드마크'인 셈이다)

접근성은 입지의 다른 말이다.

접근성은 반드시 사람들과 연동한다. 접근성이 낮은 곳엔 인구유출현상이 일어난다. 수도권의 모든 공간이 접근성이 높은 건 아니다. 분명히 발견이 쉽지 않은 사각지대가 있을 거다. 비수도권이라고 해서 모든 공간이 접근성이 낮은 건 아니다. 지역입지를 반드시 공부해야 하는 이유다. 지방대라고 우습게 보지 말고 지방 땅이라고 무시하지 말라.

작금은 '지방' 입지에 집중하는 이유를 모색할 때다. 수도권정비계획법의 '수도권'에 모든 게 집중, 집착하는 경향이 있어 하는 말이다. 편식이 사람 몸에 안 좋듯 한쪽에 편향된 집중도 역시 국토 몸에 안 좋다. 건강한 국토가 건강한 사람을 만드는 법. 이 역시 세상이치다. 순리다.

2계명

개발청사진과 개발계획에 접근하기에 앞서 지역색깔과 지역특질을 견지, 견제하라. 개발정보는 지역성격과 직결된다. 지역성질(접근성, 고정성)이 괜찮은 곳에 개발하면 그 타당성이 높아지는 건 당연지사다. 성공적인 개발효과를 바랄 수 있다.

지역성질을 분명히 견지해야하는 건 지방 땅이라고 무조건 나쁜 게 아니기 때문이다. 지방 땅이라면 무조건적으로 손사래부터 치는 사람들이 있다. 이해가 안 되는 행동과 사고다. 기회의 땅을 분실할 수도 있어서 하는 말이다.

지방이란 수도권과 6대 광역시를 제외한 공간이기 때문이다.

당연히 지방이 광대할 수밖에 없다. 기회의 땅이 넓게 숨어 있어 투자자 입장에선 선택의 폭이 넓을 수 있지 않을까 싶다.

예컨대 충청권의 지역특징과 지역 랜드마크 모색에 적극적으로 접근하라. 충청권을 제2의 수도권으로 명명하는 경우가 있기 때문이다. 답사를 자주 하다보면 수도권 대비 비수도권에 기회의 땅이 훨씬 많다. 수도권정비계획법은 수도권지역에만 통용되기 때문이다. 과밀, 포화라는 말은 지방에선 사용하기 힘들다. 기회의 땅이 다양할 이유다. 필자가 서해안고속도로 주변에 집중하는 이유다.

3계명

집투자자에겐 용도지역과 지목의 특성을 분석하는 것은 사치가 될 수 있겠지만, 땅투자자에겐 용도지역과 지목의 특성을 바로 견지하는 건 투자자의 지상과제다. 새로운 가치를 발견하는 과정이기 때문이다. 맹지 위치가 중요하기 때문이다. 용도와 지목 자체보단 위치가 중요하다.

위치가 좋으면 용도변경과 변화의 가능성이 크고 용도지역의 변화를 통해 땅 모양과 지목 등도 변하기 마련이다. 즉, 주변가치가 진화하는, 진보한다. 그 영향력이 '준수도권'으로까지 확대될 수 있다.

4계명

현미경으로 보는 시각과 망원경으로 보는 시각의 차이를 비교분석한다. 실수요가치와 투자가치의 차이를 분석한다.

실수요가치 ─ 현미경을 준비해 분석한다. 현미경은 현재가치인 실용성을 들여다볼 때 필요한 도구다. 주거인구를 정밀하게 분석할 기회다.

투자가치 ─ 망원경이 필요하다. 미래가치인 잠재성을 들여다볼 때 필요한 도구다. 접근성을 들여다볼 때 사용되고 있다. 다양한 인구를 모색한다.

5계명

수도권의 특징과 충청권의 특징 두 권역의 차이를 인식하고 분석하라.

수도권만의 독특한 특성은 인구가 꾸준히 증가하는 바람에 희소성 역시 꾸준히 높아지고 있다는 사실이다. 땅값이 상승하는 이유다. 중첩규제 또한 수도권의 특징 중 하나다. 인구증가현상과 무관하지 않은 사안이다. 수도권정비계획법을 사용하는 이유다.

지방의 특성은 역시 개성이 강하다는 것이다. 단기규제의 필요성이 수도권 대비 미약해 기회의 땅이 많다. 더 나아가 풍선효과를 기대할 지경이다. 개발의 다양성이 수도권과 비교해 상대적으로 적은 상태이기 때문이다. 투자의 대안이 될 공간이 곧 지방이다.

수도권 대비 토지거래허가구역과 개발행위허가제한지역 지정 등과 같은 단기규제를 난발하지 않는 것이다. 이는 인구변화와 개발이슈의 다양성과 연계되는 것이다. 개발이슈가 다양하다면 다양한 단기규제가 동원될텐데 그렇지 않기에 중첩규제를 하지 않는 것이다. 수도권의 경우 과밀억제권역을 통해 규제 속도를 가속화 할 수 있지만 지방엔 과밀억제권역과 같은 수위의 규제는 사치다. 불요불급한 수술과 수습과정이기 때문이다.

간단한 시술이 필요한 게 지방의 입장이고 큰 수술이 필요한 곳이 수도권이다. 물론 인구의 집중화현상 때문이다.

6계명

땅의 성격을 인지하고 파악하라.

색다른 인식으로 접근하라.

예) 고정성과 환금성, 혹은 희소성(정밀성)

아파트와 달리 개인의 노력으로 개발이 가능한 게 땅이다. 창의성과 기획력 동원이 가능해 개별적으로 토지개발로 수익창출 극대화하는 경우도 있다.

아파트는 기획 부동산에 해당되지 않지만, 땅은 기획을 필요로 하는 미완의 부동산이다. 재개발이나 재건축 등에 개인의 창의력을 발휘하기는 불가능하다. 불법행위다.

아파트투자와 땅투자의 차이다.

7계명

땅값 오르는 이유를 스스로 수시로 알아보라. 체크하자.

가치를 발견하거나 복기하는 데 큰 도움이 될 것이다. 아파트가격이 오르는 이유와 땅값이 오르는 이유는 판이하다. 개발이 필요한 게 땅이기 때문이다. 땅값은 내가 스스로 인위적으로 올릴 수 있다. 전용과정 등 가치를 업로드 시킬 수 있는 능동적인 방법이 존재하기 때문이다. 아파트엔 전용면적이 있지만, 전용과정은 불요불급하다. 아파트는 지상물, 완성물이기 때문이다.

아파트가격을 올릴 땐 합동이 필요하다. 가격담합, 단합을 통해 가격을 인공적으로 끌어올린다. 그러나 땅은 그럴 필요가 없다. 정당(합당)하게 지목변경이나 형질변경 등을 통해서도 충분히 인공적으로 가격상승에 동력을 불어넣을 수 있기 때문이다. 땅투자자가 증가하는 이유다. 왜냐, 내 땅주변에서 다른 지주들이 농지 및 산지전용과정을 밟고 있다면 나는 손 안 대고 코 푸는 격이기 때문이다. 그야말로 호가호위다. 여우가 호랑이 덕분에 호사를 누리는 것이다.

8계명

규제공부와 개발공부를 동시에 하는 건 땅투자자의 지상과제이자 사명이다. 규제해제의 가능성을 인지하는 것 역시 땅투자자의 지상과제다. 규제해제의 가능성을 예측하는 행위는 개발의 가능성을 예측하는 행위와 맥을 함께하기 때문이다.

오늘부터 규제공부에 들어가라. 그것은 땅투자의 첫 단추를 잠그는 행위이기 때문이다. 땅 개발의 최초작업이 분할과정이라면 땅투자의 최초작업은 규제에 주도면밀하게 접근한다. 접근성이 뛰어난 규제공간은 미래의 개발공간이기 때문이다.

9계명

'인구공부'를 수시로 하라.

인구(인간)는 공간과 시간에 막대한 영향력을 행사하고 있기 때문이다.

인구의 종류와 도로의 종류는 수적으로 비슷한 지경이다. 이 역시 창의 성의 가미가 가능한 상황이기 때문이다.

주거인구와 유동인구의 차이를 공부하라. 주거인구는 지자체에서 활용 하는 주요자료이기 때문이다. 주거인구가 주민등록인구이지 유동 및 이동 인구를 주민등록인구로 인정하는 경우는 절대로 없다. 주거인구는 가치의 척도다. 가치의 정확한 기준이다. 앞서 강조했듯 '부동산은 사람'이기 때문이다.

유동인구보다 지속력이 강해 주거인구가 증가하는 곳엔 투자가치가 높다. 지역생명력이 강하다. 실질적으로 아파트단지의 주거인구는 실수요 겸 투자자다. 실수요(입주 가능) 및 투자가치(시세차익 가능) 모두를 끌어올린다. 주거인구가 한 지역의 핵심인구인 건 주거인구를 통해 새로운 인구가 분만, 분출하기 때문이다. 주거인구가 폭증하는 곳엔 각종 편익공간이 폭주해 가격이 뛴다.

당연히 유명한 지역으로 업로드된다. 지역 랜드마크가 될 수 있다는 자신감도 생기게 된다. 언론에 계속 회자된다. 투자의 표본공간으로 역사에 길이 남는 것이다.

이처럼 주거인구가 중요한 것이다. 부동산변수의 큰 원료다.

10계명

답사의 필요성을 바로 인지하라.

집 답사과정과 땅 답사과정은 다르다. 미완성물과 완성물의 차이 때문이다. 미완성물을 보는 시각과 완성물을 보는 시각은 딴판이다. 미완성물을 볼 때 필요한 건 망원경이요, 완성물을 들여다볼 땐 현미경이 필요하기 때문이다. 미완성물을 볼 때 망원경 대신 현미경을 사용하는 사람이 있는데 이는 개인적으로 토지개발(건축행위)을 하겠다는 용단이다. 지적도 등 도로사정에 민감해야 한다. 지적도와 같이 작은 지도를 들여다볼 땐 반드시 현미경이 필요하다. 전도(큰 지도)를 볼 때 현미경 사용은 사치다. 시간을 허비하는 과정이기 때문이다.

땅투자자가
오판할 사안

재차 강조하지만, 땅투자자는 공무원의 직무영역과 컨설턴트의 역할을 바로 구별(인식)할 인지기능을 가지고 있지 않으면 안 된다. 땅의 실수요가 치(실수요자)와 가수요가치(가수요자)는 천지차이기 때문이다. 공무원에게 질문하는 사안과 컨설턴트에게 질문하는 사안은 확연히 다르기 때문이다.

공무원에게 질문하는 것은 건축 관련 규제사항으로 정밀한 시각으로 접근해야 한다. 규제 강도를 알아본다. 규제 없는 땅은 없기 때문이다. 규제 강도가 강하다면 건축이 불가능하므로 규제 강도를 반드시 공무원을 통해 알아봐야 한다.

컨설턴트에게 질문하는 것은 개발의 타당성이다. 예상수익률을 질문하는 것보다 개발사항과 그 정당성을 묻는 게 훨씬 유익할 것이다. 부동산 관련 세금문제를 공인중개사나 업자에게 묻는 경우가 있는데 이건 잘못된 행동이다. 지자체의 세무담당 공무원에게 묻는 게 정확도가 100%이기 때문이다. 무료지만 정확하다. 컨설턴트에게 묻는 것이라면 100% 정확하지 않을 수도 있다. 그쪽의 전문가가 아니기 때문에 실수확률이 높다. 컨설턴트나 공인중개사는 세무전문가가 아니다. 정확성이 떨어지는 이유다.

어느 수위 맞을 수도 있지만 반드시 한계에 부딪친다. 소모전 하지 않는 게 좋겠다. 부동산 장르가 다양한 것처럼 부동산은 각기 분야별로 전문가가 별도로 마련돼있다. 부동산전문가도 주특기가 있다.

부동산 관련 규제사안도 컨설턴트에게 묻기보단 공무원에게 묻는 게 정론이다(법과 기준을 만드는데 일부분 참여. 관여하는 사람 아닌가). 이 역시 정확도 100%를 위해서다. 시행착오를 막기 위해서다. 컨설턴트 역시 공무원이나 세무사 통해 관련 지식과 상식을 습득하므로 소모전을 줄이자. '자문 받을 질문 대상자'를 정확하게 정하자. 잘못 정하면 낭패 보기 십상이다.

부동산 관련 규제사안

⑴ 도로에 붙은 규제 강도가 낮은 땅은 소형 부동산 건축이 가능하다. 접근성이 높은 맹지는 규제 강도가 낮다. 좋은 땅이라고 힘주어 말 할 수 있다. 맹지가 주거지 그 이상으로 틀림없이 변화할 상황이기 때문이다.

⑵ 규제 강도가 강력한 경우, 즉 접근도가 낮은 맹지는 도로 입지가 형편없어 건축이 불가능하다. 접근성이 낮은 맹지는 규제 강도가 높다. 이런 땅은 관상용(경관지구, 미관지구)으로 제격이다. 개발가치 대신 보존의 가치가 높기 때문이다. 동물도 식용과 관상용이 있듯 부동산도 마찬가지다. 경관 역시 조망권의 일부분이다.

위의 ⑴과 같은 생지상태가 바로 개발대상물이다. 규제사안과 맹지상태에 따라 역동한다. 투자자건 실수요자건 모두가 공부해야 할 부분(선결과제)이 있다. 개발공부에 앞서 규제와 맹지공부를 함께 선행돼야 한다. 국토엔 맹지도 많고 규제범위도 넓기 때문이다. 실수요자건 투자자건 입지공부가 절실하다. 규제해제 대상이 곧 개발대상이다.

규제해제 대상의 땅이 규제강도가 낮은 건 접근도가 높은 맹지상태이기 때문이다. 예컨대 접근성 높은 그린벨트는 신도시 및 택지개발 대상물이다. 완성도 높은 주거지나 대지를 개발하는 경우는 없다. 택지개발과 도시개발의 과정이 사뭇 다른 것. 전자가 무(無)에서 유(有)를 창조하고 있다면 후자는 유에서 유를 그리는 과정인 것이다(재개발과정이나 재건축과정).

어리석은 하수의 행동이 있다. 토지이용계획확인서 '확인 검토' 과정을 업자에게 묻는 것이다. 토지이용 담당 공무원에게 묻는 게 정칙인데 말이다. 객관적으로 100% 완벽을 바랄 수 있기 때문이다. 안전해 완전할 수 있다. 이때의 안전은 과정이요, 완전이란 결과물이다.

물론 업자의 해석과 분석은 참고로 알아보는 게 좋겠다. 전부가 아닌 일부로써 접근한다. 오류와 오차, 오판 등을 감축시키고자 한다면 공무원을 통해 모든 사안을 검토하라. 업자 말은 무조건 참고사항이다. 나의 생각과 지론도 투자과정에 포함시키지 않으면 안 되기 때문이다. 지자체 자주법, 조례가 존속해 해당지역 공무원의 판단에 따르는 게 정칙이다. 지역특성의 구성요소가 다양하므로 다 다를 수 있기 때문이다. 상황과 입지에 따른 분석이 필요하다.

공적서류의 주관적 판단은 위험하다. 모험이다. 토지이용계획확인서는 공적서류이므로 각 지자체 토지이용 담당공무원에게 상담받는 게 정답, 정칙이다. 공무원의 책임감과 사명감은 컨설턴트와 비교할 수 없을 정도로 크다. 책임감과 사명감은 공무원 몫이지 컨설턴트 몫이 아니다.

공적 책임감과 사적 책임감의 차이는 크다. 자신감과 책임감은 반드시 비례하지 않는 것이다. 부동산(하드웨어상태)과 달리 인간(부동산을 움직이는 자)은 부동산을 통해 현 상태를 조정 혹은 조작을 할 수 있기 때문이다. 현실을 통해 미래를 조종한다. 미래 조종사인 양 말이다. 하늘이 하는 일을 땅에서 하는 격이다.

앞서 설명한 것처럼 개발의 타당성을 검증할 땐 컨설턴트를 만난다. 개발의 타당성은 컨설턴트 소관(영역)이다. 컨설턴트는 투자자를 만난다. 실수요자는 컨설턴트를 만나는 대신 우선 공무원부터 만나야 한다. 실수와 오판을 줄이기 위해서다.

실수요자가 컨설턴트에게 실수요가치를 부탁, 의뢰(자문) 하는 건 리스크 크기를 스스로 키우는 것이다. 컨설턴트도 공무원으로부터 자문(토지이용)을 받기 때문이다. 공무원으로부터 받은 자문을 고객들에게 전달한다. 전달과정에서 와전이 될 확률이 높으므로 실수요 민원인은 공무원으로부터 직접 상담 받는 게 안전하다.

변수를 질문할 땐 컨설턴트에게 하고 상수(상식)는 공무원을 통해 자문 받는 게 원칙이다. 추후 후회를 안 하는 방법이다.

1. 오르는 지역에 투자하는 사람 - 안전을 선택하는 자
2. 내리는 지역에 투자하는 사람 - 모험을 선택하는 자

1과2의 경우 변수상황이므로 이를 공무원에게 묻는 건 우문이다. 1의 상황은 개발이슈에 투자하는 경우(소프트웨어)이고 2의 상황은 현재모습에 투자하는 경우(하드웨어상태)다. 1과2의 상황 사이에 투자하는 건 정체상황에 몸을 맡기는 경우로 상수 상황이다.

공무원은 현재의 존재가치(건폐율과 용적률의 현재의 가치, 사용범위)를 알려주는 사람이다. 예를 들어 개발계획(도시개발)은 어느 수위 알려줄 수 있지만 미래예측행위(변수상황)를 전해주는 경우는 없다. 미래예측과 개발의 타당성 등을 점검하는 일은 변수와 관련 있는 컨설턴트 몫이다.

땅 구입하기 전에
유념해야 할 사안

　땅 사기 전에 유념할 사안은 도로에 붙은 땅을 선택할 것인지, 아니면 맹지를 선택할 지를 분명히 결정한다. 맹지 가치를 무조건적으로 무시하는 처사는 하수가 하는 행동거지이기 때문이다. 도로에 붙은 땅은 추후 되팔 때 실수요자에게 매도한다. 현재가치에 투자하는 것이기 때문이다. 건축이 가능한 것이다.

　그러나 맹지는 상황이 다르다. 100% 미래가치에 투자하는 것이기 때문이다. 추후 되팔 땐 새로운 투자자를 모색한다. 개발청사진이 있는 맹지의 미래는 밝기 때문이다. 맹지가 기회의 땅으로 전환되는 사례가 많은 건 의외로 맹지 가치가 높다는 의미다. 좋은 맹지는 꼭꼭 숨어 있다. 맹지가 주거 및 상업지로 돌변하는 경우가 있다. 그런 기회를 맞는 사람이 나타난다. 땅투자에 성공한 것이다.

　땅 답사의 목적은 땅 자체보단 도로관계를 관찰한다. 예컨대 '맹지 입지'를 관찰한다. 입지를 무시한 맹지 미래는 암흑이다. 암울하다. 입지가 괜찮다 싶은 맹지는 개발대상이기 때문이다. 입지가 뛰어난 맹지 인기도는 높다. 맹지에도 거품이 주입되는 이유다. 입지는 개발의 타당성과 연결되기 때문이다. 입지는 인구와 관련 깊다. 인기 있는 입지엔 항시 인구가 몰리기 마련이다. 실수요자와 가수요자가 한데 몰린다. 실수요가치와 가수요가치가 비례하기 때문이다.

우리나라의 인구 나이(평균나이가 41세 정도)는 알 수 있지만 우리나라의 평균 부동산가격을 정확히 알 수는 없다. 전자의 경우는 자연적인 현상에 의해 발생한 통계자료이지만 후자는 지극히 인공적이기 때문이다. 작위적이다. 나이는 현실(현상) 자체지만 가격은 변화무쌍하다.

땅 답사의 목적은 도로의 역사(나이)를 관찰한다. 변화과정이 궁금하다. 사용량이 감소하는 낡고 오래된 도로는 포장할 필요가 없기 때문이다. 새 도로가 필요하다. 새 도로가 생겨 새로운 가격이 형성될 수 있어 주변지역 지주들 입장에선 대환영이다. 재개발과정 속에서 새로운 대규모 아파트단지가 탄생하는 것이기 때문이다. 헌 집 통해 새 집을 얻는 경제효과다. 최고의 효율성이 지역자랑거리다. 이슈거리다. 당연히 지역가치가 업로드된다.

'도로'를 읽을 수 있는 능력자가 금력을 지속할 사람이다. 도로는 부동산의 기본으로 기반시설물이다. 주거시설물도 이 기반시설물 없이는 무용지물이다. 기반시설을 편의시설이라는 표현을 쓰기도 한다.

기본을 모르면 자본은 절대 따르지 않는 것이다. 도로가치와 맹지가치 역시 연동한다. 도로의 과거는 무조건 맹지이기 때문이다. 그러나 맹지 미래가 무조건 도로는 아니다. 마치 대자연의 미래가치가 모두 대도시가 아닌 것처럼 말이다. 맹지를 잘 선별해야 하는 이유다.

대자연 속의 토지 – 전원주택부지(반드시 도로상태를 점검, 검토한다)

대도시 속의 토지 – 대지 지분(재개발, 재건축 대상. 굳이 도로상태를 확인할 필요는 없다. 이미 도로가 있는 상태이고 그 도로의 역사는 깊다. 비록 늙고 낡은 도로일지라도 가치만은 높다)

결국 토지투자자에겐 도로가 생명이다. 도로에 붙은 땅에 투자하는 사람이건 맹지에 투자하는 사람이건 결국은 도로의 미래가치에 투자한다. 용도지역보다 도로관계와 그 상태, 지목과 지역(지명도)보다 도로를 보는 습관이 필요하다.

용도지역과 지목, 지역브랜드가 아무리 뛰어나도 부동산의 생명인 도로의 접근성이 낮다면 진화와 진보가 불가능하다. 기본인 도로상황이 형편없다면 미래가치인 잠재력이 낮은 것이다. 도로 모양과 크기, 그리고 입지가 토지의 미래가치를 책임진다. 토지 미래에 투자하고자 한다면 접근성 높은 맹지를 찾지 않으면 안 된다. 입지에 실패한 토지투자자가 기사회생할 기회가 생각보단 많지 않기 때문이다.

1등 투자자가
갖춰야 할 필수 덕목

1등급 복서는 공격방법과 더불어 방어능력 또한 탁월해 챔피언 급 실력을 갖췄다. 그에 반해 10등급 복서는 공격방법만 갖춘 상태라 항시 상처를 크게 입어 선수수명에 문제점을 노출하곤 한다. 불안하다. 결국 조기은퇴를 하고 만다.

1등급 투자자는 돈 버는 방법(공격방법)과 더불어 돈 관리(방어능력)와 제어능력도 탁월해 안전하다. 1등급 투자자는 여유라는 마음의 힐링공간에 투자한다. 자유를 활용하는 사람으로서 자유 공간에 몸을 맡겨 안전하다. 10등급 투자자는 시간에 투자해 매사 조급증에 시달리며 산다. 가치보단 가격에 집착하는 삶이 조급증을 부른 것이다.

1등급 투자자라면 투자가치와 실수요가치를 구분할 수 있어야 한다. 땅투자자는 지역 랜드마크에 투자하는 것이고 땅 실수요자는 '땅'에 투자하는 것이기 때문이다. 예를 들어 땅투자자는 대기업을 보고 들어간다. 대기업은 가장 좋은 지역 랜드마크다. 지역의 유전자를 바꿀 수 있는 힘을 가지고 있기 때문이다. 대기업 자체가 용도변경의 기회라 해도 과언은 아니다. 대기업은 맹지와 맹점을 단번에 박멸할 박진감을 가진 경제동물이다.

맹지 가치를 상업지 가치로 전환 가능한 게 대기업의 가치이자 기능이다. 대기업은 힘의 보고(寶庫 보물 창고)이다. 강력한 자금력과 정보력, 거기에 탁월한 기획력까지 갖춘 상태라 거반 무소불위의 경지에 이른 것이다.

역시 실수요자가 땅을 볼 땐 현미경으로 봐야 실수를 안 한다. 즉 땅 모양새와 용도 및 지목 등 세세한 정밀한 요소까지 챙기지 않으면 안 된다. 땅 자체가 생명인 셈이다.

반대로 투자자 입장에선, 못 생긴 땅을 무조건 나쁘다는 생각은 나쁜 생각이다. 투자자로서 올바른 사고가 아니다. 이는 마치 못생긴 사람이 나쁜 사람이다, 라는 명제와 거반 같기 때문이다. 투자자가 아닌 실수요자 입장에선 못생긴 땅은 나쁜 땅이 될 수 있다. 물론 상황에 따라 변수가 작용한다.

물(강)과 산에 투자하는 사람은 조망권에 투자한다. 지상권에 투자하는 사람도 있다. 조망권과 지상권은 연결돼있다. 조망권이 큰 도로라면 지상권은 그 큰 도로를 연결하는 작은 도로다. 역할이 다르다. 분양권에 투자하는 주택투자자도 있는데 조망권의 힘도 가세해 분양가가 가중된다.

바다에 투자하는 사람도 있다. 예컨대 마천루에 투자한다. 부산광역시 바닷가 일대와 제주특별자치도 일대가 그 좋은 실례라 하겠다.

도시에 투자하는 사람도 있는데 이는 실수요자다. 완성도 높은 부동산에 투자하는 형태이기 때문에 하는 말이다. 개발가치보단 존재가치인 현재가치(실용가치)에 매진한다. 만족도가 높은 상태다. 농촌에 투자하는 사람도 있다. 개발계획의 유무에 따라 판이한 지경이다. 개발계획이 있는 농촌에 투자하는 경우는 자연의 가치보단 개발가치에 투자하는 것이고 반대로 개발계획이 전무한 농촌에 투자하는 경우는 자연의 가치를 집중적으로 숭상하겠다는 용단이다. 농촌이 대형 힐링공간인 셈이다.

도시에 투자하는 경우도 매일반이다. 개발계획이 전무한 경우는 실용성에 투자하는 것이요, 개발계획이 정립된 상태는 지상물, 대지 지분에 투자하는 것이다(예-재건축, 재개발과정에 돈을 맡긴다).

요컨대 개발계획이 있는 도시에 투자하는 것은 미래가치에 투자한다. 개발계획이 없는 도시에 투자하는 경우는 편익성에 몸을 맡기는 것이다. 존재가치에 집중하는 입장이다. 이것 역시 개별적으로 만족도가 높은 상태다.

개발계획이 있는 농촌지역에 투자하는 것은 미래가치에 투자하는 것이고 개발계획이 전무한 농촌지역에 투자하는 건 존재가치인 힐링가치에 나머지 인생과 영혼을 맡기는 것이다. 현재가치에 충분히 만족을 하고 있다는 의미다.

1등 투자자는 상식과 기본이라는 배경에 그림(변수)을 그리고, 10등 투자자는 변수라는 바탕화면에 그림을 그린다. 순서도(매매방법의 알고리즘)에 문제점이 크게 노출된다. 변수는 상수(Constant)의 결과물이다. 상수(실수요가치)가 변수(투자가치)를 분만한다. 현재가치가 미래가치를 낳는 것이다. 미래가치는 변수다. 답사과정은 현재가치를 알아보는 기회지만 궁극적인 목적은 미래가치를 가늠한다. 현재가치는 예측 수단이다. 미래의 수단이다.

성공적인 투자와 실패한 투자 무엇이 다른가?

땅투자과정에서 성공적인 답사와 실패한 답사의 차이는 '지역 랜드마크의 재발견'으로 점철된다. 지역 랜드마크는 지역특성과 지역상징의 역할을 적극적으로 대변하는 입장이기 때문이다. 상징성이 워낙 강하다 보니 지역 랜드마크를 발견하지 못하는 자가 성공적인 투자자가 될 수 없다.

성공적인 답사과정 – 지역 랜드마크의 재발견(현장에서 희열을 느낀다. 느낌 없는 투자는 없다)

예) 역세권의 특이사항 발견(인구급증현상)

실패한 답사과정 – 지역 랜드마크의 미발견(현장에서 허탈감에 잠겨 있다. 투자에 대한 조급증이나 강박감이 생기고 만다. 오판할 가능성이 농후한 지경)

예) 접근성이 낮고 현장감을 전혀 느낄 수 없는 상태(불감증)

투자과정에서의 설명과 설득의 차이는 성공과 실패의 차이

설명 – 강의 과정(투자의 첫 단추, 첫 단계로 투자의 결단력이 낮은 지경)

설득 - 브리핑 과정이나 답사과정(투자를 결정하는 수단)

성공한 세미나와 실패한 세미나의 차이는 크다. 강의자와 수강자 간의 깊은 대화가 오갈 수 있는 기회의 장이 마련됐다면 그건 성공한 세미나다. 수강자의 질문이 전혀 없는 상태보단 훨씬 진보적이기 때문이다.

복서가 승리하기 위해선 상대를 향해 전진해야 한다. 발은 그 자리에 있는 상태에서 손(펀치)만 뻗는 것이라면 상대를 절대로 이길 수 없다. 마찬가지로 예비투자자가 투자하겠다고 결심했다면 현장을 향해 전진(답사)해야 한다. 현장에 머리만 가면 안 되는 것이다. 발이 가야 한다. 이론은 희망고문에 불과하다. 이론은 변수와 무관하다.

투자자는 각종 세미나와 현장답사과정을 거쳐 경험을 쌓는 것이다. 경험은 실패를 방어, 방지할 유일한 힘이 될 수 있기 때문이다. 돈을 금고 속에 쌓기 전에 경험을 가슴 속에 쌓도록 하자. 경험도 없이 돈만 벌겠다는 다짐은 무모한 사고다. 실패확률이 높다.

답사방법을 모른채 땅투자하지 마라! 모르는 길은 위험을 동반하기 마련이다. 물론 때론 답사를 생략하거나 중략하는 경우도 있다. 불요불급한 답사는 소모전, 시간낭비이기 때문이다.

땅투자자는 싼 땅과 비싼 땅의 특징을 바로 알아야 한다. 거품의 크기를 조율할 수 없다면 낭패 보기 십상이니까.

지역 랜드마크가 전무한 상태에서 개발계획이 듬뿍 있다고 무조건 땅값에 거품을 잔뜩 주입, 투입한다면 투자자 입장에서 리스크가 큰 것이다. 투자의 타이밍을 잃은 상태에선 거품의 희생제물이 될 수 있다. 즉 투자는 타이밍과 타깃이 중요한 것이다. 즉 시간과 공간은 하나이다.

마치 복서가 승리를 위해 펀치의 타이밍을 중요시 여기는 것처럼 말이다. 아무리 많은 펀치를 던져도 타이밍이 안 맞으면 무의미하다. 아무리 많은 돈을 던져도(투자) 타이밍을 상실한 투자는 무의미한 것이다. 타이밍을 잃은 펀치가 힘을 잃은 것처럼 타이밍을 놓친 투자 역시 힘 빠진다. 허탈감에 장기간 잠긴다. 투자의 타깃(목표-지역 랜드마크)을 잘 정해놓고 움직여야 하는 이유다. 목표 없이 펀치(투자)를 뻗는 건 무의미하다. 실속이 없다. 성공확률이 낮다.

지역 랜드마크는 현재가치의 표상일 수 있지만 단단한 개발의 타당성 역시 지역 랜드마크라 할 수 있다. 지역 랜드마크의 기준이 딱히 정해진 바 없기 때문이다. 이럴 땐 지역 랜드마크도 변수(미래의 가치)의 일종이라고 할 수가 있다. 하드웨어와 소프트웨어의 만남이거나 그사이라고 강조하고 싶다.

성공투자의 기준 – 부동산공법과 공시법 등 법률 수호와 더불어 주변가치(지역 랜드마크의 발견)에 집중한다. 즉, 실수요가치(기본적인 부분)가 곧 투자가치(기술적인 부분)인 셈이다.

실수요가치 = 법(원칙)+주변가치(변칙. 예-특별한 편익공간의 유무)
투자가치 = 실수요가치(예-주변의 지역 랜드마크의 재발견)

'중요한 것'의 특징 – 우리 주변에 의외로 많지 않다. 개별적으로 발견하기가 쉽지 않기 때문이다(희소성↑). 중요한 것은 급소(핵심사안-지역 랜드마크)다.

예컨대 토지의 용도는 토지이용계획확인서를 통해 확인 가능하고, 도로 관계는 지적도를 통해 알아볼 수 있다. 지역 랜드마크는 답사를 통해 확인 가능하다. 이론과 생각만으로는 역부족이다.

투자자에게 필요한 것은 개발과 인구 관계를 바로 인지하는 것이요, 중요한 것 역시 개발과 인구관계를 인지한다. 필요한 것과 중요한 것은 서로 비례한다. 연결된다. 필요한 것이 고속도로라면 중요한 것은 국도와 지방도다. 국도 없는 고속도로는 무용지물이기 때문이다.

즉 투자자가 할 일은 필요한 것과 중요한 것을 재발견하는 것이다. 실수와 실패를 미연에 방어 할 유일한 방법이다. 무시할 수 없는 건 실수와 성공이 연결되듯 투자가치와 실수요가치도 여전히 지금도 연동하고 있다는 사실이다. 실수요가치가 투자가치를 낳는 구조지만 어떤 때는 투자가치가 실수요자를 낳기도 한다. 그 주거인구는 100% 실수요자가 아닌 실수요 겸 투자자인 셈이다.

마치 맹지와 도로가 반드시 연결돼있는 것처럼 실수요 옆엔 반드시 가수요가 있다. 이를 어긴 적이 없다.

중요한 것과 필요한 것 역시 연동한다. 하나다. 닭이 먼저냐, 달걀이 먼저냐를 논하는 건 소모전이다. 중요한 사안이 필요한 사안이요, 필요한 게 중요한 것이다.

성공한 사람이 찾는 가치 도구와
실패한 사람이 찾는 가치 도구

　　개인투자자 입장에서 부동산노하우란, 만드는 과정(창조와 기획의 과정)과 찾는 과정(모색 과정)으로 점철된다. 하나는 적극적이고 공격적이지만 하나는 수동적이다. 그러나 이 역시 연동한다. 하나다. 만드는 과정은 반드시 모색과정과 연계된다.

　　만든 목적은 최종적으로는 만족스런 사용이기 때문이다. 사용하기 전엔 반드시 모색과정을 거칠게 거친다. 만들었지만 사용자가 없다면 공실률만 높아져 지역공실로 이어지기 마련이다.

　　좋은 땅이 잘 팔리는 건 희소성이 높기 때문인데 이는 만드는 과정과 모색과정이 하나라는 증거다. 공실률이 0이라면 희소성은 100이다. 공실률이 100이라면 희소성은 사치다. 가치를 논하는 건 시간낭비이기 때문이다. 에너지 낭비다. 열정 낭비다.

만드는 것 – 예) 아파트 등 집합건물의 상태(형태)
발견하는 것 – 예) 입지(접근성), 좋은 부동산조건 찾기

물론 예외도 존재한다. 대기업은 입지를 만들 수 있는 힘을 보유하고 있기 때문이다. 대기업이 입성하는 곳엔 무조건 지역발전으로 연계되기 때문이다. 즉 대기업 입성이 곧 새로운 지역입지가 형성되는 것이다. 언제 어디서나 대기업을 반기는 이유다.

지역 - 만드는 것과 발견하는 것의 공간(총칭)

즉, 한 지역이 거대도시로 성장할 힘은 만드는 작업과 발견하는 작업이 서로 연동, 연계됐을 때 발휘, 발동한다. 만드는 방법과 발견하는 방법이 별개로 작동했을 때 그것을 부동산노하우라고 함부로 말하지 않는 것이다. 부동산과 인구를 만드는 사람과, 부동산과 인구를 발견하는 사람이 하나로 연결되지 않으면 안 되기 때문이다. 지역공실은 지역가치와 직결되기 때문이다.

부동산과 관련해 검색(인터넷 통해) 하는 행위는 소극적인 방도이다. 이론 과정으로 예컨대 법률이라는 약속을 고수하면 그만이기 때문이다. 부동산을 모색하는 것은 적극적이고 공격적이다. 구체적이다. 답사과정을 밟는 것이다. 개발입지와 개발의 타당성을 알아보기 위해 노력한다.

부동산의 성질 - 찾는 것 예) 지역성질(개성)
부동산정보 - 찾는 것(탐색의 대상), 언론 통해 취득한 정보를 확인하기
위해 답사과정을 밟는 것이다. 가짜뉴스인지를 파악, 판단하기 위해 최선을 다한다. 비판하기 전에, 오해하기 전에 확인절차에 들어간다. 구체적으로 알아보지도 않고 남을 비판하지 마라.

좋은 땅을 찾는 방법과 좋은 땅을 만드는 방법은 반드시 연동된다. 기획물건을 잘 찾는 방법도 노하우다. 기획부동산도 좋은 것과 나쁜 것으로 분류되기 때문이다. 다 나쁘면 기획부동산은 이 땅에서 영원히 사라졌을 게 빤하다.

좋은 땅을 찾는 방법 – 그 방법론이 완벽하지 않다. 예측불허의 시간과 변수 때문이다. 예를 들어 개발계획이 유야무야 되거나 개발의 타당성이 미약해지는 경우가 있을 수가 있다.

좋은 땅을 만드는 방법 – 완벽(안전)하다. 법과 원칙만 지킨다면 말이다. 만족도를 스스로 높일 수가 있는 상황이기 때문이다.

좋은 집을 찾는 방법과 좋은 집을 만드는 방법 역시 서로 연동된다. 물리적으로 부실한 아파트와 경제적으로 안정적인 아파트(프리미엄이 형성된 아파트)의 차이는 극과 극이다.

미분양현상은 잠시 연동이 멈춘 상태다. 그러나 곧 연동을 시작할 수가 있다. 좋은 집을 찾는 방법과 좋은 집을 만드는 방법은 존재한다. 집은 완성물이고 법과 원칙에 따라 움직이면 안정적이기 때문이다.

집의 실수요가치가 높아 법과 원칙을 수호하면 100% 안전, 완벽하다. 투자자 입장에서 모색할 부분(사안)은 가치다. 투자자 입장에서 감지해야 할 부분(대목)은 여전히 역시 개발의 필요성과 타당성이다. 성공하는 방법은 좋은 사람과 좋은 부동산을 찾는 것이다. 부동산은 보호자를 필요로 하는 존재이기 때문이다.

실속(실리) 없는 공간에서 실속 있는 부동산을 모색 중이라면 그건 실패자의 행동이다. 시간낭비를 하고 있다. 실속 없는 공간이라 실용적이지 못한 사람과 만날 확률이 높다.

성공인은 인구가 증가하는 공간에서 투자가치를 모색하고 실패자는 인구감소 및 유출지역에서 가치 모색에 최선을 다한다. 개발청사진과 인구의 가치를 함께 견지할 필요가 있는데 말이다.

인구감소 및 유출지역에서 개발청사진의 화력이 화려하고 거대하게 그려진 경우 그 과정에서 변수가 발생한다면(인구급증세) 그 지역은 성공할 확률이 매우 높은 공간이다. 지역잠재력을 한 번 기대할 만하다. 재검토 대상이다.

필자 생각엔 규제1번지인 수도권보단 지방에서 개인의 창의력과 기획력을 발휘하기가 수월하다고 본다. 수도권이 성공투자에 유리한 것만은 아니다. 제2의 서해안시대에 지방을 공부해야 하는 이유다.

큰 실수(실패)를 박멸할
투자의 비밀

작은 실수는 실패가 아니다. 포기하지 않을 수 있는 용기(의지)만 있다면 충분히 회복(위기극복단계)이 가능하기 때문이다.

그러나 큰 실수는 실패다. 회복이 거반 불가능하다. 큰 실수를 범하지 않는 방도가 없는 건 아니다. 실패하지 않는 사람의 강점을 수시로 스스로 체크, 발견하면 된다. 강의를 통해 강점을 반복적으로 경청해 새로운 습관을 만든다. 좀 케케묵은 지론이지만, 좋은 습관과 나쁜 습관은 성공과 실패의 기준 아닌가.

성공한 사람에겐 그만의 특질(개성)이 있다.

모든 사물과 사안에 대해 '성질'을 잘 알고 있다는 것이다. 성질이란 습성으로 습관의 반복행위를 말한다. 습관의 힘은 크다. 고정된 습관을 단기간 내 교정+수정하기는 불가능하기 때문이다.

큰 실수를 박멸, 소멸할 사람에겐 큰 힘과 지혜가 주어진다. 가령 성공한 사람은 사기와 사기꾼의 성질을 잘 간파한다. 성공한 사람에게 실패는 사치다. 삶의 만족도가 높은 사람은 부동산의 성질을 잘 간파하고 있다. 부동산 성질과 함께 사람의 성질도 잘 간파하고 있다. 성공 요인이다.

만족도 높은 삶을 영위, 향유하는 자는 성공한 사람들의 특성을 잘 알고 있다. 단단한, 확실한 자신 만의 성공의 기준(노하우)을 보유한 상태이기 때문이다.

부동산 정보와 속보의 성질을 견지, 견제할 힘 또한 보유하고 있다. '세상'과 세상의 이치에 대해 이해를 하는 상태다. 세상을 오해는 자가 바로 부정적인 자다. 그에게 긍정은 사치일 뿐이다. 긍정의 가치를 발견한 적이 없기 때문이다. 긍정의 경험이 전혀 없다.

실패한 사람의 특성을 간파할 수 있다면 자연스럽게 한탕주의자의 특성도 잘 알게 된다. 대자연을 상대로 한탕을 노릴 수는 없다. 대자연(녹지지역)의 습성과 속성도 잘 알고 있는 상태라면 말이다.

성공을 예비, 예감하는 사람이 대자연의 속성과 속살을 잘 알고 있다면 십중팔구 도시개발 및 신도시개발의 특성에 대해서도 잘 알고 있을 것이다. 부동산 가치와 가격의 차이를 알게 된 계기다. 대도시가 한탕주의자의 먹잇감이지 대자연 통해 떴다방이 호기를 부리는 경우는 없다.

무엇보다 성공인은 인생의 특성을 잘 알고 있다는 점이 강점이다. 함부로 포기하지 않는 것이다. 인생의 순리와 순서도를 수시로 잘 그릴 수 있기 때문이다.

예) 위기→호기(기회)→위기….

위기 다음엔 반드시 기회가 오고 기회 다음엔 반드시 위기가 찾아온다. 위기의 최대 적이 있다.

끈기다. 끈기는 호기의 도구다. 끈기는 위기의 영원한 라이벌이다. 끈기 있게 기다리면 나의 목표와 목적이 온다. 볼 수 있다.

마치 봄 다음에 반드시 여름이 오듯 말이다. 여름 다음엔 가을이, 가을 다음엔 겨울이 온다. 계절이 변하듯 위기의 위치가 변한다. 위기가 계속 그 자리에 머물지 않는 것이다. 봄이 계속 그 자리에 맴돌지 않는 것처럼 말이다. 사계절이 변하듯 위기와 호기 역시 변한다. '기회와 호기'는 용기의 다른 말이다.

위기와 포기는 그 의미가 사뭇 다르다. 위기는 용기를 통해 재생의 길(호기)을 걸을 수 있으나 포기는 위기를 더욱더 악화, 약화 시킨다. 위기는 시기와 시간을 통해 진정시킬 수 있다. 시간이 약이다. 충격이 완화된다. 성공한 자는 시공간의 특성을 잘 알고 있다.

> 예) 시간과 공간의 공존(연계) 가치(시간이 존재해 공간의 역할이 기대되는 것. 시간이 없으면 공간도 없다. 인간은 지금 이 시간에도 시간과 공간을 사용하고 있다. 부동산 안에서의 세상과 시계가 공전하는 이유다)

성공인은 언론의 특성도 잘 알고 있어 가짜뉴스 피하는 방법을 잘 알고 있다. 진보적인 기사를 정독한다. 이를 통해 부동산(인생의 재료이자 삶의 재료)에 대한 대안과 대본의 의미(이유)를 간파할 수가 있다. 언론을 통해 세상가치와 부동산가치를 대비한다. 세상 안에 부동산이 있지 부동산 안에 세상이 있는 건 절대 아니니까. 우주 안에 지구가 있지 지구 안에 우주가 있는 건 아니니까.

대자연 안에 도시가 있는 것이지 도시 안에 대자연이 있는 건 아니다. 변할 수 없는 도시구조다. 대자연은 개발청사진을 그리는 위정자 입장에선 대형 도화지인 셈이다. 좋은 도화지에 그림을 그려야 좋은 작품(도시)이 나온다. 순리다. 세상이치다.

부동산에 대한 '대안'은 현실이고 현재의 가치다.

부동산에 대한 '대본'은 계획(미래)의 다른 말이다. 인생은 연극과 같은 것. 연습(녹화와 녹음과정)이 없기 때문이다. 대본대로 움직이지 않아 때론 애드리브(순간의 선택)가 동원되기도 한다. 과감하다. 용감하다. 개인의 능력인 순발력을 동반한다. 순발력 사용이 불가능하면 성공하기 힘들다.

부자의 강점은 부동산의 성질과 지역(지자체), 그리고 국토(토지)의 성질을 정밀 분석할 수 있다는 점이다. 언론과 여론의 성질을 관찰할 통찰력도 가지고 있다. 더불어 정치인과 위정자의 특성을 매번 알아본다. 습관적으로 말이다. 좋은 습관은 지향하고 나쁜 습관은 지양한다. 하수의 인생과 다른 것이다.

서울 강남의 강점과 도로의 강점을 수시로 알아본다. 도로상황이 자주 변해서다. 큰 도로와 작은 도로 그리고 직접역세권과 간접역세권의 차이점을 통해 도로의 강점을 새로 발견한다. 평소 큰 실수를 하지 않는 연유다.

성공인과 부자는 비례한다. 성공의 원료가 곧 돈(부자)이기 때문이다. 빈자 중엔 성공인은 절대로 없다. 그러나 부자 중에서 성공한 사람을 찾는 건 쉬운 일이다. 마치 좋은 사람들이 많은 곳에서 좋은 땅을 찾는 것이 쉬운 일인 것처럼 말이다.

땅투자자의
임장활동 범위

    투자에 실패한 사람에겐 몇 가지 특징이 있는데 그 중 하나가 다름 아닌 상황에 따라 답사진행을 하지 않았다는 점이다. 답사를 무시한 처사다. 적응능력과 적용능력(융통성)이 떨어진다. 부동산 장르에 따라 답사색깔이 달라야 하는 건 당연지사다.

    집 답사할 때는 주택 안의 구조와 기능을 정밀하게 점검한다. 기능을 잃은 주택은 무용지물이기 때문이다. 실용가치가 떨어져 환금성도 떨어질 수가 있다. 주택 주변의 공기오염도를 체크해 지역상주인구의 건강을 스스로 체크하고 유지한다. 주택의 삶의 가치가 곧 주택의 투자가치 아닌가. 장수시대의 모토가 바로 탁월한, 빼어난 주택의 영향력이다. 주거인구가 한 지역의 바로미터이기 때문이다.

    좋은 집이라는 소문이 주변으로 퍼지면 실수요가치가 높아져 덩달아 투자가치도 높아지는 것이다. 만약 부동산 규모만(대형평수) 따진다면 '인구 크기' 보단 '주택 크기'에 집중할 것이다. 인구가 급증하는 곳의 주택상황은 가수요세력 위주의 시장을 형성해 실수요가치에 악영향을 미칠 수 있다. 삶의 질은 가치의 기준이지 가격 기준이 될 수 없다. 비싼 집이 무조건 좋은 집의 기준이 될 수 없다. 가격엔 항시 거품에 크게 노출돼있기 때문이다.

땅 답사할 땐 변함없이 주변가치에 집중해야 한다. 공기오염도보단 공실상황에 집중한다. 토지 속을 들여다볼 수 없는 상황이므로 주변 분위기에 집중한다. 역시 '토지 크기'보단 '개발의 다양성과 타당성의 연결 관계'에 집중한다. 개발의 다양성이 반드시 개발의 타당성과 비례하는 게 아니기 때문이다. 주변에 분할조차 불가능한 땅이 있는가. 만약 있다면 그 땅은 수익성은커녕 환금성에도 문제가 있는 땅이다.

상가를 답사할 때 주시할 건 유동인구 상황이다. 젊은 인구(소비인구)에 집중한다. 집 답사할 땐 인구수보단 인구의 질에 집중하고 땅 답사할 땐 인구수와 인구증가에 집중한다. 인구가 감소하면 감소의 원인을 찾는 것이다. 찾지 못한 상태에선 투자를 안 하는 게 좋다. 인기 없는 지역에 투자하면 실패확률이 높다. 땅값이동에 악영향을 미칠 수 있다. 인구와 인기는 반드시 비례한다. 인기는 인위적이기 때문이다. 인기는 사람이 만든다. 마치 사람이 가치와 가격을 만드는 것처럼 말이다.

상가를 답사할 땐 유동인구와 상가공실률을 눈여겨본다. 둘은 밀접한 관계를 유지하기 때문이다. 오로지 주거인구에만 집중한다면 불안하다. 수익률이 변하기 쉽지 않다. 상가 입장에선 유동인구는 변수를 만든다. 변수는 흥미진진해 지루하지 않다. 개혁이다. 상가도 인구의 질에 영향을 받는 것이다. 수익구조에 영향을 미칠 수 있기 때문이다. 강남 빌딩이 강북 빌딩과 다른 점은 임대인과 임차인의 수준이 거반 비슷한 사정일 수 있다는 점이다. 즉 인구 질이 높다는 것이다. 인구 질이 낮다면 임대료를 제때 내지 못하는 경우가 발생한다. 부자 동네의 빌딩이 인기 높은 이유다.

상가와 같이 삶의 질과 직결되는 집의 경우 인구의 질과 연관 있다. 층간소음문제나 주차전쟁 등은 인구의 질과 관련된 사안이다. 주거공간과 상가도 반드시 연동한다. 서로 조화를 이룬다. 지역평화의 재료가 바로 주거공간과 상가의 조합이다. 조화다. 균열현상은 지역공실의 원흉이다.

집과 달리 땅의 경우 접근성(부동산 입지)을 통해 인구크기를 견지, 조율한다. 상가는 다르다. 유동인구를 통해 인구크기를 알아본다. 유동인구에 의존하는 건 단골손님인 상주인구에만 의지할 수 없기 때문이다. 편중된 손님보단 다양한 손님을 원한다면 지속력을 높일 수 있다. 강한 권리금이 생성된다. 새로운 투자공간이 생성될 수 있다. 최고의 투자공간은 행복한 공간이다. 답사 시 확인, 체크할 사안이다.

예컨대 인구의 질적 가치(진보와 보수가 하나로 연계, 연동할 여유의 공간엔 다양한 인구가 분포돼있다. 젊은 인구와 노인인구, 아이인구 등으로 말이다)에 집중한다.

진보와 보수를 연결하는 힘(매개체)은 투자자가 모색할 강력한 대상이라 답사 시 반드시 체크해야 한다. 부동산의 진보란 개혁을 의미하고(변수) 부동산의 보수는 안전의 유지(상수)를 강조할 절대적 절제다. 진보와 보수의 가치를 연결하는 힘을 모색하는 건 모든 투자자의 사명, 과제다. 즉 다양한 인구를 모색한다. 보수와 진보가 단절된 상태의 부동산은 희소성을 상실하고 만다. 투자자가 큰 상실감에 빠질 수 있다.

부동산과 도로 그리고 인구의 가치를 연결하는 힘(투자자는 경쟁력과 경제력, 이 두 가지를 견지할 견제능력이 필요하다)의 발견과정이 임장활동이다. 이것이 바로 답사의 목표, 목적이다.

하수는 답사 시 실수를 연발한다. 여러 중개업소를 전전하며 가격을 알아보는데 혈안이 돼있다. 시간낭비. 정확성에서 항시 문제점이 드러나서다. 차라리 지역성질을 알아보는 게 낫다. 이장이나 지역유지(터줏대감)를 통해 알아보면 정확도가 높다. 지역속보와 깨알정보에 능통한 사람들이 이장과 지역유지다.

5장

서해안에 집중하지 않으면 안 되는 20가지 이유

수도권의 품격에 집중하는 이유,
충청권은 제2의 수도권!

여전히 빛나고 있는
서해안고속도로의 현재가치

　국토는 여전히 완성도 높은 공간과 완성도 낮은 공간으로 구분되고 있다. 서해안지역이라고 다르지 않다. 예컨대 수도권은 완성도가 높으나 충청권은 수도권 대비 완성도가 현격히 낮은 게 사실이다. 그러나 스스로 자신감 있게 제2의 수도권이라고 명명한다. 이게 다 서해안고속도로 덕분이다.

　지난 2001년 12월 21일은 서해안고속도가 완공된 생일이다. 서해안고속도로를 잊을 수 없는 건 여전히 그 존재가치가 빛나서다. 사용량이 여전히 높다. 용량이 부족할 정도다. 서해안시대의 재료인 서해안고속도로(336km)는 전라남도 무안군과 서울특별시 금천구를 연결하는 국내에서 세 번째로 긴 노선으로 지역영향력이 막강하다. 지난 1996년 12월 안산분기점~포승 임시나들목구간을 시작으로 1998년 8월 무안~목포, 같은 해 10월 서천~동군산, 2000년 11월 서평택~당진구간과 서해대교가 개통됐다.

　나머지 당진~서천구간, 군산~무안구간은 2001년 9월과 12월에 각각 개통해 비로소 전 구간이 마무리됐다.

땅의 주변가치를 높이고 있는 20개의 서해안고속도로 노선

목포시~무안군~함평군~영광군~고창군~부안군~김제시~군산시~
서천군~보령시~홍성군~서산시~당진시~평택시~화성시~안산시~시
흥시~안양시~광명시~서울특별시

서해안고속도로의 힘을 가중시키는 나들목과 분기점 현황

1. 서울 – 금천나들목

2. 안산시 – 팔곡분기점, 안산분기점, 서서울톨게이트

3. 광명시 – 일직분기점, 소하분기점

4. 화성시 – 발안나들목, 팔탄분기점, 비봉나들목, 매송나들목

5. 안양시 – 광명역나들목

6. 시흥시 – 조남분기점, 목감분기점

7. 평택시 – 서평택나들목, 서평택분기점, 포승나들목(공사중)

8. 당진시 – 당진분기점, 당진나들목, 송악분기점(계획중), 송악나들목

9. 서산시 – 해미나들목, 서산나들목

10. 홍성군 – 홍성나들목

11. 보령시 – 무창포나들목, 대천나들목, 광천나들목

12. 서천군 – 동서천분기점, 서천나들목, 춘장대나들목

13. 군산시 – 동군산나들목, 군산나들목

14. 김제시 – 서김제나들목, 서김제분기점(공사중)

15. 부안군 – 줄포분기점, 부안나들목

16. 고창군 – 고창분기점, 고창나들목, 선운산나들목

17. 영광군 – 불갑산나들목, 영광나들목

18. 함평군 – 함평분기점, 함평나들목
19. 무안군 – 죽림분기점, 일로나들목, 목포톨게이트, 무안나들목

　서해안고속도로는 호남지방 서부해안과 호남의 중심도시를 이어주는 기능을 하고 있다. 공사 예정인 새만금포항고속도로(2024년 개통예정)가 개통되면 서김제분기점(예정) 통해 서해안고속도로에서 전북 전주시로 연결된다. 서해안고속도로의 직선화와 교통량 분산을 위해 예산~청양~부여를 경유하는 익산평택고속도로(2024년 개통예정)가 추진 중이다.

　서해대교(7.3km)는 서해안고속도로의 랜드마크로 서해안고속도로 구간 중 하나의 교량으로서 역할을 다하고 있다. 2001년 11월10일 개통한(1993년 11월 착공) 서해대교가 서해안고속도로의 랜드마크인 건 관광기능을 일부 할 수 있어서다. 당진시 관광명소 9경 중 2경이라고 할 서해대교는 경기도 평택시 포승읍(서평택나들목)과 충청남도 당진시 송악읍(송악나들목)을 잇는 교량으로 당진항을 이용하는 선박을 위해 높게 설계됐고 다리 아래에 있는 행담도라는 섬엔 휴게소가 설치돼있다.

서해안고속도로의 효과

　제3차 국토종합개발계획(1992년~2001년)의 기반사업으로 건설돼 충청지역과 호남지역을 신산업시대로 조성하는데 크게 이바지하고 있다. 수도권 교통의 분산효과와 더불어, 아산, 군장, 대불산업단지 개발에 따른 교통량 흡수와 서해안지역의 주요 간선도로와 연계돼 서해안시대의 중추적 역할을 다하고 있다.

　서해안고속도로는 서해안권 지역을 잇는 대표적인 고속도로로 전라남도, 전라북도, 충청남도와 수도권이 포함돼있는 경기도를 경유하는 것이

가장 큰 강점이다.

지선고속도로로는 남북형 노선으로 지난 2009년 5월28일 개통한 충남 서천군과 공주시를 잇는 서천공주고속도로와 2013년 3월28일 개통한 경기도 평택시와 시흥시를 잇는 평택시흥고속도로가 있다.

평택시흥고속도로(39.3km) → '제2서해안고속도로'로 부르기도 한다. 서해안고속도로의 서평택분기점~안산분기점 구간과 영동고속도로의 서창분기점~안산분기점 구간의 혼잡 완화 목적으로 건설한 민간투자고속도로다.

여전히 빛나고 있는 서해안고속도로는 서해안시대의 강한 재료, 진보할 원동력이다. 인근의 투자가치가 도로변화와 진화로 인해 높아지는 건 기정사실이다. 나들목 인근의 잠재가치는 여전히 높다. 서해안고속도로 주변으로 제2의 수도권이 증가할 이유다. 마치 제2의 강남이 증가하는 수도권처럼 말이다. 서해안고속도로의 존재가치는 개발 중인 서해선복선전철과 더불어 서해안으로 땅투자하러 가는 이유다.

서해선복선전철의
용도와 지역성격

　서해선복선전철 공사의 완성도가 높아지면서 서해안의 힘이 가중되고 있다. 서해선복선전철은 서해안고속도로와 더불어 서해안시대를 빛나게 할 원동력임엔 틀림없다. 수도권과 비수도권을 하나로 연결시키는 징검다리 역할을 하기에 충분하기 때문이다. 인근 땅값도 상승곡선을 그리고 있다. 공사 발표 및 공사 기간 내내 폭등세를 그리고 있다. 해당지역의 성격과 품격도 덩달아 변해 몸값도 업데이트 되고 있는 판국이다. 서해선복선전철 통해 기획부동산도 급증해 수많은 땅을 판매하기에 이르렀다. 소액 땅투자자가 토지정보를 접할 유일한 길은 언론과 기획부동산이다. 서해선의 미래가치가 높은 건 개통예정인 노선이 다양해서다.

　범례) 원종~소사(2023년 개통예정)
　　　　일산~원종(개통예정)
　　　　원시~서화성남양역(개통예정)
　　　　국제테마파크역(2026년 개통예정)
　　　　하중역(미정)

서해선은 경의선, 신안산선 일부 구간에서도 운행될 수도권전철 운행 계통으로 지난 2018년 4월 6일 '소사원시선'에서 '서해선'으로 노선명이 바뀐 상태다. 그로부터 수많은 변화와 진화과정을 거듭하고 있다.

2022년 5월 기준, 최종 확정된 수도권전철 구간은 일산역~서화성남양 역 신안산선 향남연장이 결정되면서 서화성남양역~향남역 구간도 편입 될 가능성이 높아졌다.

시흥시청역~서화성남양역 구간은 신안산선과 선로를 공유하며 대곡 역~일산역 구간은 수도권전철 경의중앙선과 선로를 공유한다. 송산차량 사업소는 서해선 유일의 차량기지가 될 예정이다.

• **소사~원시구간 :** 경기도 안산시, 시흥시, 부천시를 관통하는 철도 노선으로 남북으로 서해선, 대곡소사선과 직결된다

• **대곡~소사구간 :** 수도권전철 서해선을 북쪽으로 연장해 소사역(수 도권전철 1호선과 서해선)~부천종합운동장역(7호선)~원종역(대장홍대선과 연계될 예 정)~김포공항역(5,9호선, 공항철도, 김포도시철도)~능곡역(경의중앙선)~대곡역(3호 선, 경의중앙선)까지 건설예정인 일반철도노선으로 2016년 상반기에 착공해 오는 2023년에 전 구간이 개통될 예정이다.

수도권전철 서해선과 직결될 예정이며 특히 김포공항역은 수도권전철 5호선, 수도권전철 9호선, 인천국제공항철도, 김포도시철도, 대곡소사선 까지 5개 노선의 환승역이 된다. 김포공항역이 이른바 '펜타역세권'이 되 는 것이다.

원종역을 제외한 모든 역이 기존 노선들과의 환승역이 된다. 원종역 역시 대장홍대선이 제4차 국가철도망 구축계획에 포함돼 환승역이 될 예정이다.

기대효과 : 대곡소사선은 추후 수도권전철 서해선의 운행구간에 편입

돼, 일산역에서 서화성남양역까지 수도권전철이 운행된다. 일산~능곡구간은 기존 경의선과 선로를 공유한다. 장기적인 계획으로는 교외선, 수인선, 분당선 등과 함께 수도권 순환노선의 일부가 된다. 수도권 서부에서 고양시, 파주시와 부천시, 안산시, 시흥시 간의 교통 소통 원활에 보조 역할을 담당하게 될 것으로 기대된다.

• **서화성남양역** – 2015년 착공해 2024년 준공하는 화성시 남양읍 송산그린시티 개발구역 (철도시설용지 블록 역1로트) 서해선의 시종착역이다. 신안산선은 국제테마파크역까지만 가는 것이 기본계획이지만 향후 수도권전철 신안산선이 이 역까지 연장 운행될 예정이다. 역 근처에 송산차량사업소가 건설된다.

• **국제테마파크역** – 화성시 송산그린시티 동측지구(송산면)에 건설되는 수도권전철 서해선과 신안산선의 역으로 2026년 개통될 예정이다. 원시~서화성남양역 구간이 2024년 개통될 예정이지만 이 역은 동시에 개통하지 않아 2026년에 개통한다.

• **화성시청역**(화성시 남양읍 신남리 89-2) – 용도지역과 지목은 계획관리지역에 철도용지가 아닌 대지상태다. '성장관리계획구역', 철도(서해선복선전철), 도시관리계획 입안 중이다. 남양뉴타운이 개발 중이며 화성시청과는 도보로 15분 거리. 이 역에서 자동차로 15분 거리엔 현대자동차그룹 남양연구소가 있다.

㈜ 성장관리계획구역 – 계획관리지역에는 주거와 공장이 혼재하는 현상이 벌어지기 십상이다.

도로 등 기반시설 부족현상이 일어날 소지가 큰 상황이다. 개발압력이 높아져 체계적인 관리가 긴요한 지경이다. 이때 성장관리계획구역으로 지정하게 되는데 성장관리계획구역으로 지정되면 기반시설 설치, 건축물 용도 등의 계획을 수립해 난개발방지 등을 통해 지역의 체계적인 개발을 기대할 수 있다.

• **향남역**(화성시 향남읍 평리 185-1) − 지목 : 대지, 용도지역 : 자연녹지지역, 철도(서해선복선전철), 도시관리계획 입안중(화성시 공고 제2021-1277호)

향후 신안산선이 향남역까지 연장될 계획이다. 원시역~서화성남양역에서 신안산선과 선로를 공유하는 서해선의 향남역 연장도 가능한 지경이다.

• **안중역**(평택시 안중읍 송담리 산13-1) − 지목은 임야상태지만 역사 규모가 17,508㎡로 큰 편이다. 용도지역은 계획관리지역이며 개발행위허가제한지역(2021-07-16)으로 지정된 상태다.

일반철도(서해선(홍성~송산) 복선전철사업(103역 포함))(저촉)

화물연계를 위해 포승산업단지까지 연장되는 평택선과의 환승역이 될 예정이다. 제4차 국가철도망 구축계획에 안중역과 경부고속선 양감면 구간 근처를 잇는 연결선도 반영된 지경.

이 연결선이 완성되면 충청남도에서 올라오는 서해선KTX가 이 연결선을 통해 광명역, 용산역, 서울역, 행신역으로 진입이 가능해진다.

• **인주역**(아산시 인주면 해암리 340-2) − 지목 : 전(田), 역사 규모 : 3,981㎡ 용도지역 : 계획관리지역, 생산관리지역

인주역은 아산시 유일의 서해선 역사로 인주산업단지와 그 일대 주민

들을 위해 건설하는 역이다. 역에서 북서방향으로는 55만 평 규모의 현대 자동차 아산공장(인주면 대음리 금성리일대)이 있다.

합덕역은 당진시에 최초로 들어오는 유일한 철도역으로 현재는 농림지역, 농업진흥구역(2020-01-20)〈농지법〉으로 지정된 상태다.

역명은 '당진합덕역'으로 지정될 것으로 보인다. 장항선의 신례원역과의 거리는 약9km.

신례원역과의 연결을 추진 중인데 성사가 된다면 내포신도시, 예산군, 아산시, 천안시와의 접근성이 한결 좋아질 것이다.

• **홍성역**(홍성군 홍성읍 고암리 442-3) - 지목 : 답(畓), 용도지역 : 생산녹지지역, 철도보호지구〈철도안전법〉

장항선을 경유하는 모든 새마을호와 무궁화호 열차가 필수적으로 정차하는 역이며 장항선에서 유일하게 TMO가 설치돼있다.

TMO(Transportation Movement Office : 국군철도수송지원반)

당진합덕역사 완공 임박

수도권(서울+경기+인천)의
지역특성을 알아봐야 하는 이유

서해안시대는 있어도 동해안시대는 없다.

국토가 완성도 높은 공간과 완성도 낮은 공간으로 나눌 때 후자의 경우가 바로 서해안지역에 해당한다. 동해안지역이 마치 어른 모습이라면 서해안지역은 아직 아이 모습처럼 성장 동력이 강렬한 곳이다. 즉 동해안지역의 실용성과 서해안지역의 잠재성은 부동산마니아들의 관심사가 충분히 되고도 남을 것이다.

굳이 비유하자면 수도권정비계획의 과밀억제권역과 성장관리권역으로 비교할 수 있는데 과밀억제권역을 동해안지역으로 보고 성장관리권역으로 보는 곳이 바로 서해안지역이다. '성장 혹은 성숙한 곳'과 '성장 중인 곳'으로 분류했을 때 가능한 시나리오다. 여하튼 서해안은 지금 성장 중이다.

수도권을 기반으로 해서 진보할 공간이 바로 서해안지역이다. 서해안시대의 출발선이 바로 수도권이기 때문이다. 도로의 가치와 의미를 알아야 철도의 존재가치를 알 수 있듯 수도권을 알면 자연스럽게 서해안의 모든 사안을 이해할 수 있다. 이를테면 수도권을 이해는 것이 투자의 과정이라면 서해안의 모든 사안(변수, 미래)은 결과이다. 즉 서해안 발전의 기틀과 바탕화면이 바로 수도권의 높은 존재가치다. 수도권을 통해 서해안의 발전을 예측할 수가 있다. 수도권이 큰 도로라면 작은 도로는 충청권과 호남권이다. 수도권과 충청권, 호남권은 반드시 연결돼있기 때문이다.

이 세상엔 긴 것과 짧은 것은 없다. 이것들은 항시 하나의 상태를 보지하고 있기 때문이다. 긴 것과 짧은 것은 반드시 붙어 있기 때문이다. 여기서 말하는 긴 것은 수도권이요, 짧은 것은 충청권과 호남권이다. 혹은 긴 것이 충청권과 호남권이요, 짧은 것이 수도권이다. 언제든지 반복적으로 왕복할 환경여건이 마련된 상태이기 때문이다.

부동산의 지상권이 땅의 권력을 대변한다면 국토의 수도권은 수도 서울의 권력과 자존심을 강화, 진화 시키고 있다. 수도권의 서울, 경기도, 인천의 힘은 서해안시대를 적극적으로 표방하고 있다.

100% 도시지역으로 구성돼있는 서울특별시(면적-605㎢)는 완성도가 대한민국에서 가장 높은 곳으로서 316개의 역세권 역시 완성도가 최고수준이다. 경기지역의 역세권과 달리 실패한 역세권을 찾기 힘들다. 그래서 특별한 도시다.

인구가 줄고 있지만 인구규모는 여전히 커 2020년 7월 현재, 9,494,807명이며 인구밀도 또한 여전히 최고수준을 유지하고 있다(15,688 명/㎢). 수도권 최고의 과밀억제권역이다.

25개 자치구 중 인구규모 5위권에 속하는 곳은 다음과 같다.

땅값이 인구상황과 정비례하듯 아파트 역시 인구와 관련 깊다.

이들 지역의 아파트가격도 그에 상응하고 있다.

1위 송파구 - 659,385명

2위 강서구 - 575,875명

3위 강남구 - 533,359명

4위 노원구 - 513,053명

5위 관악구 - 488,029명

　서울 인구의 분산효과를 위해 정부는 지난 1989년 경기도일대에 위성
도시로 1기 신도시를 건설하면서 인구유출현상이 시작됐다. 게다가 지금
은 서울집값거품현상과 추락현상의 악순환이 반복되면서 인구유출현상이
심각한 사회와 국가문제로 대두되고 있다.

　서울을 포함한 수도권의 도시권 인구는 약2,600만 명으로 이는 세계
10위권에 해당한다. 한강의 기적을 이룬 서울은 내륙 도시로 항만기능을
인천항과 평택·당진항에 의지하는 실정이다. 여전히 수도권의 리더인 것
이다.

　서울은 인구가 감소하고 있지만 상대적으로 경기도와 인천광역시 인구
는 증가하고 있어 수도권 안에서의 교외화현상이 뚜렷하다.

　서울특별시에 소재한 많은 기업들이 인천광역시와 경기도의 신규 개
발지역으로 이전하는 추세다. 이는 서울특별시가 경기도나 인천광역시
대비 고령화속도가 빠르게 전개되는 이유 중 하나일 것이다. 서울의 높은
집값에 젊은 인구가 대거 경기도나 인천으로 이동하고 있기에 서울 나이
는 더욱더 늙어갈 수밖에 없다. 서울의 출산율은 전국 광역지자체 가운데
최하위를 기록 중이다. 상대적으로 경기 및 인천지역을 선호, 선망하는
이유다.

　고속 및 일반열차는 서울역, 용산역, 수서역, 영등포역, 청량리역, 상
봉역, 왕십리역, 옥수역 등에서 이용할 수 있고 앞으로도 중부내륙선과
춘천속초선, 수서광주선, 여주원주선 등을 토대로 다양한 지역이 철도로
서울과 연결될 예정이다.

• **중부내륙선**(56.9km) - 기점 : 부발역, 종점 : 충주역

지난 2021년 12월31일 부발~충주구간이 개통됐고 오는 2024년 12월엔 충주~문경구간이 개통될 예정이다.

- **춘천속초선**(93.7km) – 기점 : 춘천역, 종점 : 속초역

오는 2027년 개통예정인 단선전철이다.

- **수서광주선**(19km) – 수서역~경기광주역을 '수광선'이라고도 부르며 수서역, 모란역, 경기광주역을 지나갈 예정이다.

오는 2029년 개통예정이다.

면적 10,196㎢의 경기도는 인구규모가 13,585,967명으로 유일하게 인구가 1,000만 명을 넘는 광역자치단체다. 인구밀도 1,332명/㎢의 경기도는 충청남도와 더불어 시가 군보다 더 많은 지역이다. 가장 인구가 많은 도(道)이자 가장 인구가 많은 광역자치단체다.

국토 면적의 10분의1밖에 되지 않은 작은 공간에 인구가 4분의1 이상이 살고 있어 희소가치 역시 최고다. 수도권 인구밀도와 비수도권의 인구밀도는 비교대상이 아니다. 워낙 격차가 심해서다. 비교할 시간에 투자를 고민(연구, 분석)하는 게 낫다. 비교하는 건 시간낭비다. 그 시간에 지방지역을 공부하는 게 낫다. 수도권을 공부하는 사람은 많지만 지방지역을 애써 공부하는 사람은 많지 않다.

인구 50만 명 이상의 대도시가 다양한 경기도는 잠재력의 보고, 투자의 보물창고다. 성남시, 화성시, 부천시, 남양주시, 안산시, 평택시, 안양시, 시흥시 등은 인구 50만 명이 넘는 경기도의 대도시. 간과할 수 없는 점은 앞으로 대도시가 양적으로 증가할 것이라는 점이다. 경기도의 잠재력을 매번 강조하는 이유다.

남양주시, 평택시, 화성시, 시흥시는 신도시 개발로 인구가 지속적으로

증가하고 있고 수도권 3대 거대도시인 수원특례시, 고양특례시, 용인특례시는 경기도 인구 순위 1,2,3위를 기록 중이다. 하남시는 인구증가율 1위를 기록 중이고 2위가 평택, 3위가 김포다.

김포시 역시 본격적인 대도시 입성을 앞둔 잠재력 높은 곳이다. 특히 경기도에서 젊은 지역으로 각광 받는 곳이 있는데 수원, 화성, 오산, 용인, 이천, 시흥, 김포는 평균연령이 40세가 되지 않은 젊은 도시다.

빼어난 경기도의 산업과 도로상황은 투자가치로서 최고다. 서울특별시의 본사를 둔 기업들의 공장이 많은 곳이 경기도다.

성남시는 IT산업의 메카로 발전 중이고 이천, 화성, 용인, 평택일대는 전자 및 반도체1번지로 손색없는 곳이다. 화성과 광명은 자동차산업이 발전한 곳이며 안산과 시흥은 반월·시화공단으로 명성이 높은 곳이다. 출판도시로 유명한 파주시는 디스플레이가 지역 랜드마크인 곳.

경기도 안의 고속도로는 총20개 노선이 이동 중이다.

경부선, 서해안선, 평택파주선, 세종포천선, 중부선, 제2중부선, 평택제천선, 중부내륙선, 영동선, 광주원주선, 서울양양선, 수도권제1순환선, 인천국제공항선, 평택시흥선, 오산화성선, 용인서울선, 수도권제2순환선, 경인선, 제2경인선, 제3경인선이 있다

• **평택파주고속도로**(117.9km) – 기점 : 경기도 평택시 오성면 숙성리 오성나들목, 종점 : 경기도 파주시 문산읍 내포리 내포나들목

남광명분기점~88분기점은 2024년 개통예정이다.

• **세종포천고속도로**(177km) – 기점 : 세종특별자치시 장군면, 종점 : 경기도 포천시 신북면
세종~남안산 구간은 오는 2024년 개통예정이다.

• **서울양양고속도로**(150km) — 기점 : 서울 강동구 고덕동, 강일동 강
   일나들목, 종점 : 강원도 양양군 서면 양양나들목

• **수도권제2순환고속도로**(263km) — 기점, 종점 : 경기도 화성시 방교동

기존의 수도권제1순환고속도로보다 지름이 더 큰 순환선이다. 초기엔
'제2서울외곽순환고속도로'라는 타이틀을 사용했다. 1991년 개통된 서울
외곽순환고속도로는 2020년 9월1일부터 수도권제1순환고속도로로 명칭
이 변경됐다.

• 경기도 내에서 공사 중인 곳
용인시 처인구 북용인분기점
여주시 신촌나들목, 산북나들목
양평군 양평분기점, 서양평나들목
남양주시 조안나들목, 화도분기점, 월산나들목, 수동나들목
포천시 내촌나들목, 고모나들목
양주시 덕정나들목, 광적나들목
파주시 법원나들목, 도내나들목, 파주분기점, 운정나들목, 송촌나들목
시흥시 시화나래나들목
안산시 단원구 시화분기점

• 계획 중인 곳
인천 연수구 아암나들목, 송도분기점, 남송도나들목
화성시 고정나들목
시흥시 오이도나들목

수도권 유일의 광역시인 인천의 인구규모는 2,957,016명으로 증가세다. 3곳의 국제도시의 막강한 지역 영향력 때문이다.

면적 1,066㎢인 인천 인구밀도는 2,772명/㎢.

외형상 여전히 투자가치가 높은 곳이다. 역시 국제도시가 인천의 상징, 대한민국 최고의 지역 랜드마크다.

인천광역시는 송도국제도시, 영종국제도시, 청라국제도시 등 인천경제자유구역, 상업 및 업무지구의 개발로 자족기능을 확보, 확장한 지경이다.

송도국제도시(연수구 송도동일대)의 면적은 53㎢로 부천시 면적과 거의 동일하다. 인구규모는 192,974명이며, 인구밀도는 3,609명/㎢으로 높은 편이다.

아직 매립이 진행 중인 잠재력 높은 곳이다. 향후 송도국제도시의 서울 접근성을 높이기 위한 GTX-B 송도국제도시역이 인천대입구역 인근에 들어설 예정이기 때문이다.

영종국제도시(중구 영종도일대)의 면적은 52㎢로 지역라이벌 송도와 비슷하다. 인구는 104,437명이며, 인구밀도는 1,914명/㎢.

지난 2018년 10월22일 인천경제자유구역청이 '영종지구'에서 '영종국제도시'로 변경됐고 배후지원단지(공항신도시), 운서 및 운남지구, 운북복합레저단지(미단시티), 영종하늘도시 등 총4곳의 지구로 구성돼 진화 중이다.

17.8㎢ 규모의 청라국제도시(서구 청라동) 인구규모는 113,003명.

면적이 좁다 보니 인구밀도가 송도와 영종보다 높다(6,348명/㎢). 갯벌을 동아건설이 간척해 개발한 청라 상업지구의 특징은 거리에 모텔과 유흥주점을 찾아볼 수 없다는 점이다. 청라의 지역 색상이 청아하다는 느낌이 들 정도다. 미래의 청라국제도시의 랜드마크는 '청라시티타워'가 될 전망이다.

지난 2019년 11월부터 공사가 시작돼 오는 2026년 마무리될 예정이다. 높이가 무려 453미터로 완공 시 국내 타워 중 가장 높고 세계에서 6번째로 높은 전망타워가 된다. 소유주는 인천경제자유구역청이다.

인천경제자유구역을 구성하고 있는 송도, 영종, 청라구역에 각기 랜드마크를 지을 예정이다. 송도국제도시엔 무산된 151인천타워, 영종국제도시엔 인천국제공항, 청라국제도시엔 청라시티타워가 입성한다.

수도권은 서해안시대의 리더로 전초기지 역할을 하고 있어 책임감이 막중하다. 역시 서해안시대 출발지점인 것.

수도 서울을 기점, 기준으로 경기도와 인천광역시가 대한민국의 랜드마크 지킴이 역할을 수행 중이기 때문에 재차 강조한다. 즉, 제대로 된 수도권 역할이 각 지방의 진화의 자극제가 될 수 있어, 수도권의 지역라이벌은 충청권이고 충청권의 지역라이벌은 호남권이 될 수 있다.

제2,3의 수도권이 탄생하므로 동서(동해안, 서해안) 국토 균형발전과 진보의 계기가 마련될 수 있을 것으로 보인다. 국토균형발전은 서해안 발전축으로부터 시작돼 기회의 땅이 발견, 발현되는 것이다.

충청권의
예고된 도약!

충청남도의 지역 특징

충청남도는 '제2의 수도권'이다! 8시7군의 기초자치단체가 있으며 경기도(28시3군)와 더불어 시의 개수가 군보다 더 많아서 하는 말이다. 시가 더 많은 경우는 전국에서 단 둘 뿐이다. 그만큼 지역적으로 희소성이 높다는 것이다. 충청남도(면적-8,246㎢)의 인구밀도는 256명/㎢이며 2022년 9월 현재, 충청남도 시군구 인구 순위는 다음과 같다.

1위 천안시 – 657,210명

2위 천안시 서북구 – 401,555명

3위 아산시 – 332,361명

4위 천안시 동남구 – 255,655명

5위 서산시 – 176,291명

6위 당진시 – 167,553명

7위 논산시 – 113,018명

8위 공주시 - 102,848명

9위 홍성군 - 98,337명

10위 보령시 - 97,402명

11위 예산군 - 76,808명

12위 부여군 - 62,624명

13위 태안군 - 61,461명

14위 서천군 - 50,139명

15위 금산군 - 50,111명

16위 계룡시 - 43,848명

17위 청양군 - 30,245명

총인구수 - 2,120,269명

충청남도는 동으로는 대전광역시와 세종특별자치시, 충청북도와 접하고 북으로는 인천광역시와 경기도와 접한 탁월한 입지를 자랑하고 있다. 남으로는 전라북도와 통한다. 도 중에서는 유일하게 해발 1,000미터를 넘는 산이 없다. 개발공간이 다양할 환경조건이다. 도내 대부분의 인구, 경제력, 상업 및 교통인프라가 수도권에 붙어 있는 천안시와 아산시에 몰려 있어 균형발전이 지역 지상과제다. 천안과 아산인구가 충남의 절반가량(45.7%)을 차지할 정도로 지역영향력이 대단하다. 2000년 들어 대규모 산업단지가 서북부에 있는 서산시, 당진시에 꾸준히 유치돼 경제력이 높은 편이다. 충청남도의 1인당 GDP(Gross Domestic Product, 국내총생산)는 울산 다음으로 높다.

전체 제조업 비중이 52%를 차지하고 있다. 천안, 아산, 서산, 당진에 있는 대기업 공장의 경우 주거를 수도권에 두는 경우가 많다. 수도권전철이나 광역버스로 출퇴근하는 젊은 인구가 많은 것이다.

천안의 삼성전자공장, 삼성전기공장, 삼성SDI공장과 아산의 현대자동차공장, 삼성전자공장, 삼성디스플레이공장, 그리고 서산의 현대오일뱅크 등 석유화학산업단지, 당진의 현대제철공장 등 북부 및 서부에는 많은 산업단지가 있다. 천안, 아산, 서산, 당진엔 세종이나 내포와 같이 30~40대 젊은 인구가 많다.

서해선(아산, 당진, 홍성)이 건설 중으로 2024년에 개통될 예정이며 보령선 건설을 계획 중이다. 보령선은 추진 초기에는 충청산업문화철도라고 했으며 지역 균형발전의 성격을 가진 충청권 숙원사업이다. 경부선, 호남선, 충북선, 장항선, 태백선 등과 연계한 동서 횡적 철도교통망이다.

충청남도에서 철도가 지나지 않은 도시인 공주시, 부여군, 청양군에 철도가 놓인다. 서산시, 태안군은 서해안 내포철도가 추진된다. 이 선로를 이용해서 세종역에 ITX(도시간 특급열차)를 넣겠다는 계획도 있다. 광역자치단체 중에서 대전광역시, 경기도와 더불어 민간공항이 없는 곳이 충남이다. 도를 지나는 고속도로는 다양한 편이다.

경부고속도로(416km), 논산천안고속도로(82km), 호남고속도로(194km), 호남고속도로지선(54km), 통영대전고속도로(215km), 서해안고속도로(336km), 당진영덕고속도로(330km), 서천공주고속도로(61.4km) 등이 지난다.

국가철도공단은 충청권 7개 고속 및 일반철도 건설사업에 전력으로 질주 중이다. 충청권 일반철도 5개 사업에 집중하고 있다.

1. **서해선 복선전철** – 충남 홍성에서 경기도 화성 송산까지 90km를 연결하는 사업으로 2022년 7월 현재 공정률은 85%이다.

2. **이천~문경철도건설사업** – 지난 2021년 12월 개통한 이천~충주 구간(54km)에 이어 충주에서 문경까지 39km구간을 건설 중이다(현재 공정률은 78%).

3. **포승~평택철도건설사업** – 포승에서 평택 간 30km를 연결하는 사업으로 3단계로 나눠 공사를 진행한다.

1단계(평택~숙성) 13km구간은 지난 2015년 완공한 상태이고 2017년 착공한 2단계(안중~숙성) 7.9km구간은 현재 궤도공정이 진행 중이다. 2단계 구간은 오는 2024년 개통예정이다.

3단계(포승~안중) 9km구간은 제4차 전국항만기본계획에 따라 향후 추진할 예정이다.

4. **장항선복선전철** – 충남 아산시 신창면에서 전북 군산시 대야면까지 118km를 연결하는 사업으로 신창에서 홍성 1단계구간은 현재 궤도공정이 원활하게 진행 중이다. 오는 2024년 개통할 예정이다.

5. **대전차량기술단 인입철도 이설사업** – 신탄진역에서 국도 17호선과 평면교차하는 기존 인입철도를 철거하고 회덕역에서 철도차량기술단까지 인입철도 2.5km를 새로 건설한다. 오는 2025년 완공예정이다.

충청북도가 젊은 이유

경기도의 라이벌이 서울인 것처럼 충북의 라이벌은 충남이다.

지역라이벌의 강점은 서로 근접한 거리에 있으면서 서로 견제와 집중이 가능해 성장 동력의 꽃을 피울 수 있다는 점이다.

경쟁자 없는 발전은 미약하나 강력한 라이벌이 있으므로 내가 발전하고 지역이 발전할 수가 있다. 경쟁이 치열하다 보니 부지런히 움직일 수밖에 없다. 자연스레 성장세가 높아지는 것이다. 강한 지역경쟁력이 곧 강한 지역경제력으로 연결되는 것이다. 해당지자체와 지역주민들이 지역경쟁을 반기는 이유다.

3시(市)8군(郡)으로 구성돼있는 충청북도는 라이벌인 충청남도 대비 인구규모(1,597,118명)와 인구밀도(215명/㎢), 면적(7,407㎢) 등에선 밀리나 입지여건은 탁월한 편이다. 위치가 한반도 중심이자 국내 유일의 내륙도로 경기도, 강원도, 대전광역시, 세종특별자치시, 충청남도, 경상북도, 전라북도와 인접하고 있기 때문이다. 즉, 전국에서 주변에 가장 많은 광역자치단체를 접하고 있다. 주변가치가 높다는 거증이다. 증평군을 제외한 나머지 시·군들 모두가 다른 도 및 광역시와 접한 상태다. 증평군은 전국 군 지역 중 면적이 울릉군에 이어 2번째로 좁다. 섬을 제외하면 본토에선 가장 좁은 것이다.

충청북도 시군구 인구 순위(2022. 10월 현재)

1위 - 청주시 849,207명

2위 - 청주시 흥덕구 268,078명

3위 - 충주시 208,415명

4위 - 청주시 상당구 195,507명

5위 - 청주시 청원구 193,966명

6위 - 청주시 서원구 191,661명

7위 - 제천시 131,360명

8위 - 음성군 92,133명

9위 - 진천군 86,082명

10위 - 옥천군 49,591명

11위 - 영동군 45,126명

12위 - 증평군 37,247명
13위 - 괴산군 37,031명
14위 - 보은군 31,524명
15위 - 단양군 27,862명

충북 인구의 특징은 절반 이상이 청주시에 몰려 있다는 점과 인구증가 지역이 절반 정도 된다는 점이다. 증평군은 청주시의 위성도시로 산업단지 규모가 크고(증평일반산업단지 등) 진천군과 음성군 역시 소규모 산업단지가 산재해 있으며 충북혁신도시가 조성되고 있는 곳이다.

• **도내 고속도로의 상황** – 경부선, 당진영덕선, 아산청주선, 중부선, 평택제천선, 중부내륙선, 중앙선이 지난다.

아산청주선(55km) - 2018. 1.14(옥산~오창 구간개통)
2023년(서아산~천안구간 개통예정)
2026년(인주~서아산구간 개통예정)

한반도 중심에 위치한 지역답게 수도권과 경상도를 지나가는 차량들은 반드시 충북을 통과해야 한다.

경부고속도로가 청주~대전~옥천과 영동을 가로지르고 중부고속도로는 진천과 청주 서부를 세로로 가로지른다. 서산영덕고속도로는 청주 남부와 보은군을 지나간다.

중부내륙고속도로는 음성 북동쪽 끝과 충주~괴산을 가로지른다. 중앙고속도로는 제천과 단양을 가로지른다. 평택제천고속도로는 진천~음성~제천을 지난다.

충청북도는 1인당 소득이 높은 편인데 이는 수도권 규제의 반사이익으로 의약, 전기전자 등 고부가가치의 제조업 비중이 높기 때문이다. LG, SK 비율이 높다. 충북의 시멘트 생산량은 전국 1위로 국내 생산의 42%를 차지하고 있다.

청주시의 기업들로는 삼성SDI, SK하이닉스, SK이노베이션, SK케미칼, LG화학, LG전자, LG생활건강, 녹십자, 유한양행, 대웅제약, 해태, 오리온, OB맥주, 샘표 등이 있다.

충주시엔 현대모비스, 현대글로비스, 유한킴벌리, 에이스침대 등이 있다. 충북엔 일자리와 더불어 상아탑(대학교) 수가 많은 편이다. 지역이 젊은 이유다. 충북 거점국립대학교인 충북대학교가 청주에 있으며 4년제 국립대학으로 청주교육대학교와 한국교원대학교(청주시 흥덕구 강내면), 한국교통대학교(충주시, 증평군, 의왕시)가 있다.

공군사관학교 역시 청주에 있다(상당구 남일면 쌍수리일대). 4년제 사립대학으로는 건국대 충주캠퍼스(단월동), 극동대학교(음성군), 가톨릭꽃동네대학교(청주시 서원구 현도면), 서원대학교(청주시), 세명대학교(제천시), 우석대학교(완주군, 진천군, 전주시), 유원대학교(영동군, 아산시), 중원대학교(괴산군), 청주대학교가 있으며 전문대로는 강동대학교(음성군 감곡면), 대원대학교(제천시 신월동), 충북도립대학교(옥천군), 충북보건과학대학교(청주시 청원구 내수읍), 충청대학교(청주시 흥덕구 강내면), 한국폴리텍대학(청주시, 충주시) 등이 있다. 일자리와 교육기관이 풍부한 충북일대가 제2의 수도권인 라이벌 충남 대비 지역잠재력이 낮은 건 결코 아니라는 방증이다.

경제신도시 평택시의
지역특질

경기도 남서부 최남단에 위치한 평택시의 인구규모는 576,192명(2022. 10월 현재)으로 화성시와 더불어 인구가 꾸준히 증가하고 있다. 인구증가율이 화성시와 비슷하다. 땅값상승률도 거반 비슷한 지경. 과시 지역라이벌답다.

면적은 화성시보다 작지만(452㎢) 인구밀도는 1,266명/㎢로 1,056명/㎢인 화성시보다 높다. 그러나 화성시처럼 개발공간이 풍부한 편으로 지역 잠재성을 여전히 인정받고 있다. 그 잠재성에 한몫 단단히 하고 있는 건 탁월한 입지조건이다. 주변가치가 높다. 동으로는 안성시가, 동북쪽으로는 용인시가 있고 서쪽엔 충남 당진시와 접한다. 남과 북으로는 각기 아산시와 천안시, 그리고 화성시와 오산시를 만난다.

평택의 북부지역(LG그룹, 삼성그룹, 고덕국제신도시)과 남부지역(SRT가 정차하는 평택지제역과 소사벌지구 등 택지지구가 있는 곳)은 도시 완성도가 높다.

평택은 경기도에서 충청남도로 넘어가는 길목이며 공항을 제외하곤 철도, 고속철도, 전철, 고속버스, 광역급행버스, 직행좌석버스, 고속도로 등 교통인프라가 탁월하고 다양하다.

평택, 대규모 산업도시로 변모 중

평택 가치를 업로드 시킬 수 있는 동력 중 하나인 서해선 안중역(안중읍 송담리 산13-1)은 화물연계를 위해 포승산업단지까지 연장되는 평택선과의 환승역이 될 예정이다.

제4차 국가철도망 구축계획에 안중역과 경부고속선 양감면 구간을 잇는 연결선도 반영된 지경이다. 이것이 완성되면 충청남도에서 올라오는 서해선KTX가 이 연결선을 통해 광명역, 용산역, 서울역, 행신역으로 진입할 수 있게 된다.

평택선 포승역은 평택선 기점이 되는 역으로 주변에 평택·당진항, 포승공단, 경제자유구역(BIX) 포승지구가 있어 화물수송에 유리하다. 이 역을 통해 평택항, 포승공단은 경부선과의 연계는 물론, 안중역에서 서해선 연계도 가능하다. 위치는 경제자유구역 포승지구의 맞은편이며 현재 평택시장이 신안산선을 안중역을 거쳐 이 역까지 연장하는 방안을 건의한 상태다(신안산선을 안중역을 지나 포승역까지 연장하는 방안).

평택지제역은 수도권전철 1호선 외에도 수서평택고속선 상의 고속철도 SRT가 정차하며 동탄역에서 수서역까지 20분 소요된다. 부산역까지는 2시간20분 소요된다. 지제연결선 개통 시 수원발KTX가 평택지제역에 추가 정차할 예정이다.

수도권전철 서해선은 화성시 서화성남양역이 종점이며 그 이남(서화성남양~홍성구간)은 KTX-이음 열차가 다닐 예정이다.

4차 기본계획이 발표돼 청북읍 동쪽 부근에 연결선을 놓아 서해선~경부고속선 간 직결운행을 할 수 있도록 반영한 지경이다. 안중역에서 KTX-이음을 타고 서울역까지 30분이 소요될 것으로 보인다.

평택엔 현재 5개의 고속도로가 관통하고 있다.

1) 경부고속도로 – 안성나들목
2) 서해안고속도로 – 서평택나들목, 서평택분기점
3) 평택제천고속도로 – 서평택분기점, 청북나들목, 평택분기점, 평택고덕나들목, 송탄나들목
4) 평택파주고속도로 – 오성나들목, 평택분기점, 어연나들목(청북읍)
5) 평택시흥고속도로 – 서평택분기점

횡축으로 평택제천고속도로가 지나간다. 서쪽 끝으로는 평택시흥고속도로와 서해안고속도로가 지나간다. 특히 서평택분기점은 고속도로 3개가 만나는 지점이다.

평택시를 경제신도시라고 명명할 건 고덕국제신도시와 함께 위치한 고덕산업단지에서 세계 최대 규모의 삼성전자 반도체 생산 공장이 건설 중이기 때문이다.

서평택엔 평택 · 당진항과 포승국가산업단지가 있는데 평택항은 국내

항만 물동량 5위에 올라 있다. 주한미군이 대규모로 주둔하는 송탄시의 오산공군기지와 팽성읍의 USAG험프리스엔 기지촌이라는 상업지역이 형성된 지경이다.

평택은 향후 국내에서 가장 큰 규모의 미군산업기지가 조성될 전망이다. 평택 서부지역에 위치해 있는 안중읍은 63개의 리(里)를 보유 중인 평택 중심지로 평택 서부지역의 관문역할을 하는 안중버스터미널이 있는 곳이다.

안중읍은 서평택 5개 읍면 중 인구가 가장 많으며 송담 지구로부터 남동쪽으로 1km 떨어진 거리엔 안중역이 공사 중이다. 안중읍은 수도권과 충청권을 이어주는 길목이다.

오성면은 평택 시내로 향하는 서평택 관문으로 주변공간은 모두가 개발이 진행 중이다(안중읍, 청북읍, 고덕면, 팽성읍일대). 평택선(화물선)이 남쪽 끝에 지나간다. 향후 현덕지구, 화양지구, 인광지구 등이 진화를 거듭할 것으로 전망된다. 현재 진화 중이다. 평택호 관광단지가 있는 현덕면 일대는 서해선 안중역세권이 속해 있어 교통이 편리해질 전망이다.

평택 최서단에 위치해 있는 포승읍 입지 또한 탁월하다. 동쪽엔 청북읍, 안중읍, 현덕면이 있고 서쪽으로는 당진시 송악읍과 신평면을 만난다. 남쪽과 북쪽으로는 각각 아산시 인주면과 화성시 우정읍, 장안면을 접한다. 평택·당진항과 포승산업단지가 위치해 있으며 가스 생산기지와 발전소가 있다. 국가 기간망시설들이 몰려 있다. 서해안고속도로 서평택 나들목과 서해대교를 이용할 입지다.

청북읍은 2010년 초부터 평택항과 삼성전자를 배후에 두고 청북신도시가 개발되기 시작되면서 인구가 증가해 2016년 7월28일 읍으로 승격됐다. 현재 21개의 법정리가 있으며 이 중 인구가 가장 많은 곳은 청북신도시가 있는 옥길리(21,420명)로 평택 서부에 있는 안중읍 현화리(25,416명)와 비슷한 수준이다.

평택지제역의 지역 영향력은 갈수록 거대해질 전망이다. 고덕국제신도시의 영향력과 잠재력을 함부로 평가할 수가 없을 정도로 변화무쌍한 상황이 전개되고 있기 때문이다. 2006년 6월30일 수원~천안 복선전철 개통 이후 추가 개설한 역이 바로 평택지제역이다. 이후 수서역에서부터 수서평택고속선이 들어서면서 SRT가 정차하는 역이 됐다.

수원발KTX의 지제역 정차가 확정됐으며 수서평택고속선을 따라 GTX-A노선, 지제연결선을 따라 GTX-C노선 정차를 고려 중이다. 2027년 예정된 브레인시티, 고덕국제신도시 개발로 인해 평택지제역~브레인시티, 지제역~고덕국제신도시 간 진입도로가 개설돼 승강장과 주차장이 새로 생겼다. 평택시에서 서쪽 일대를 역세권 개발을 추진 중이다.

지속적으로 지역발전을 해온 지난 10여 년간 기획부동산에서 가장 많은 땅을 판매한 곳이 바로 평택이다. 그리고 라이벌인 화성일대다. 그만큼 이슈거리가 풍부할뿐더러 지속성과 영속성, 그리고 생명력도 높다는 뜻이다.

'작은 수원' 화성시의 열기가
여전히 식지 않는 이유

화성시처럼 지역 랜드마크가 확실한, 다양한 곳도 드물다. 서울의 1.4
배 크기의 화성시 인구는 904,267명(2022.11기준)으로 잠재력이 여전히 높
다. 인구밀도는 1,056명/㎢.

개발공간이 다양하고 개발의 타당성이 높은 곳이다. 인구규모와 면적
등에서 유리하고 더욱더 중요한 건 대한민국 최고의 인구증가율을 지속하
고 있다는 사실이다. 인구증가율의 지속성은 곧 화성의 잠재성을 인정받
을 수 있는 이유(거증)다.

화성시가 자랑하는 지역 랜드마크는 여전히 동탄신도시이다. 동탄2신
도시가 지금도 성장하고 있기 때문이다. 동탄신도시의 랜드마크인 경기도
최고층 건물인 마천루 메타폴리스 덕분에 가격 극화가 가능한 지경이다.

지난 2001년 시 승격된 화성시는 관내 재정자립도 1위, 전국 4위에 랭
크돼있다. 인구증가율은 여전히 전국 1위로 장기집권 중이다. 인구변화
가 곧바로 투자가치로 연동하는 상황이다. 화성시에 투자자가 증가하는
이유다. 인구증가폭이 상당한 수준이다. 땅값 상승폭도 거기에 상응하고
있다.

10년이면 강산이 변한다고 했던가.

아니다. 화성의 경우 5년이면 충분하다. 5년 주기로 인구증가폭이 대단해서 하는 말이다.

2000년 – 191,444명
2005년 – 296,530명
2010년 – 505,833명
2015년 – 596,525명
2020년 – 855,248명

화성에 현재 예정(내정)된 철도노선으로는 안양시 인덕원에서 출발해 수원을 거쳐 동탄까지 가는 동탄인덕원선, 1호선(반월~오산)과 2호선(병점~장지동)으로 각각 개통되는 동탄도시철도와 동탄신도시를 시종착으로 하는 대심도 급행철도 GTX-A노선이 있다.

※ 동탄인덕원선(37km) – **동탄인덕원선**(본선) : 인덕원선~동탄역(34km)
동탄인덕원선(지선) : 동탄역~서동탄역(3km)

이 노선이 완성되는 해는 오는 2026년 5월로 예정돼있다.

개통예정인 노선은 인덕원~동탄, 동탄~서동탄이다.

투자자 입장에선 인덕원역~수원월드컵경기장역~아주대입구역~영통역~동탄역 등 경기도 남부 18개 역을 남북으로 연결하는 철도사업인 동탄인덕원선은 다양한 환승역을 분출할 동력이다.

실례)

인덕원역에서 수도권4호선, 경강선(공사중)과 환승될 예정

수원야구장에서 수원1호선(추진중)과 환승될 예정

수원월드컵경기장역에서 신분당선(추진중)과 환승될 예정

흥덕역(흥덕마을1,5단지사거리일대)에서 용인에버라인(구상중)과 환승될 예정

영통역에서 수인분당선과 환승될 예정

동탄역에서 SRT, GTX-A노선(공사중)과 환승될 예정

서동탄역에서 수도권1호선과 환승될 예정

신분당선 남부 연장 광교중앙~호매실구간과 수원월드컵경기장역에서 환승될 예정

화성 병점

• **동탄도시철도**(36개 역, 34km로 구성) - 기점 : 병점역(1공구) 망포역(2공구), 종점 : 장지천(차량기지) 오산역(2공구)

노면전차로 건설되는 동탄도시철도의 공사기간은 오는 2024년부터

2027년 12월로 예정돼있다. 동탄도시철도사업은 동탄신도시의 교통을 분담할 도시철도 계획으로 장지천역을 제외한 두 구간의 시종착역이 모두 환승역이다. 1호선, 수인분당선, 동탄인덕원선, GTX-A노선과 환승될 예정이다(5개 노선).

예) 망포역(수인분당선)
오산역과 병점역(수도권전철1호선)
동탄역(동탄인덕원선, GTX-A노선, 망포~오산구간과 병점~장지천구간)
동탄호수공원역(화성시 장지동 1070) - 망포(오산구간) 병점(장지천구간)

교통의 다변화와 더불어 화성시의 강점은 점차적으로 인구가 젊어지는 것이다. 화성시가 젊어지는 이유는 두 가지로 점화된다. 일자리와 상아탑의 다양화와 다양성이다. 풍부한 크고 작은 기업과 대학교는 도시구성의 화력, 활력이다!

예) 기아화성공장, 현대자동차그룹 남양연구소, 삼성전자 화성사업장, 동탄테크노밸리 등

대학교가 많다.
수원대학교(봉담읍), 수원가톨릭대학교(봉담읍), 화성의과학대학교(구 신경대학교. 남양읍), 수원여자대학교 해란캠퍼스(봉담읍), 장안대학교(봉담읍), 한국폴리텍대학 화성캠퍼스, 협성대학교(봉담읍), 홍익대학교 화성캠퍼스(기안동), 수원과학대학교(정남면 보통리)

화성시의 또 하나의 강점은 역시 다양한 지역 랜드마크의 보유다. 명성과 어울리게 존재가치가 빛나고 있다.

예) 지난 2010년 9월 입주를 시작한 동탄메타폴리스(주상복합) 규모는 지하5층, 지상55층~66층으로 높이가 248미터에 달한다

남양뉴타운은 남양읍일대에 추진 중인 뉴타운개발사업이다.

화성은 현재 동탄신도시와 병점지구의 개발로 인해 동부지역이 크게 번성한 지경. 상대적으로 서부지역은 낙후돼있다. 이에 화성시가 해결책과 방안을 내놓은 게 바로 시화호를 개발하는 송산그린시티와 화성시 시청이 있는 남양읍(구 남양동)일대를 뉴타운지구로 지정, 개발한다. 이를 토대로 동서 간 지역균형발전을 도모할 수가 있다.

• 송산그린시티 – 송산면, 새솔동, 남양읍 일대의 시화호 남측 간석지에 산업입지 및 개발에 관한 법률에 따라 조성하는 신도시(사업기간–2007~2030년)

송산그린시티의 특징은 그랜드한 개발규모다. 무려 55㎢로 이는 부천, 광명, 과천, 구리 오산, 군포, 의왕보다 넓은 면적이다. 화성의 지역잠재력 크기가 커지고 지역영향력이 더 커질 수 있는 동력이 바로 송산그린시티조성사업이다.

지금보다도 더 많은 일자리와 잠자리가 투입될 것으로 전망된다. 지금과 같은 추세로 진보를 한다면 화성은 '작은 수원'에서 수원을 압도할 '100만 거대도시'가 조만간 될 수 있지 않을까 싶다. 지금의 인구증가폭으로 보아 거대도시가 되는 건 문제가 없다고 본다.

• 동탄신도시(동탄1동~8동) – 33㎢ 규모에 주거인구는 385,891명으로 인구밀도는 11,683명/㎢.

젊은 도시답게 30대 젊은 부부비율이 높아 영유아 인구수가 급증세다.

동탄신도시의 잠재가치가 높은 건 탁월한 입지조건 때문이다. 주변가치가 높다.

동쪽으로 가면 용인시 처인구 이동읍 일대를 볼 수 있고 서쪽으로 가면 병점동, 오산시 외삼미동과 내삼미동, 수청동을 만나게 된다. 남으로는 오산시 부산동, 은계동, 용인시 처인구 남사읍, 평택시 진위면과 접한 지경. 북으로는 반월동, 용인시 기흥구 서농동, 고매동이 접해 있다. 탁월한 입지가 유리한 건 급격한 인구변화와 진화를 기대할 수 있기 때문이다. 지역 품격이 변한다.

동탄신도시의 인구변화

2008년 – 41,558명
2010년 – 117,762명
2020년 – 367,188명

결국, 화성이 급속도로 발전할 데엔 동탄신도시 역할이 크다. 동탄2신도시가 완성되는 날엔 화성시는 '작은 수원'에서 '큰 수원'으로 도약할 것이다. 지금과 같은 진화가 멈추지 않는다면 수원인구를 압박, 압도할 게 분명하기 때문이다.

화성 향남 역사 공사현장

대도시로 새롭게 등극한
시흥시의 가치 기준

　　인구 512,168명(2022.10기준)의 시흥시(면적-139.6㎢)의 지역잠재력이 높은
건, 경기도에서 11번째로 대도시로 등극한 인구밀도 3,668명/㎢의 젊은
도시이기 때문이다.

　　입지조건이 탁월해 젊은 인구유입이 용이하다.

　　서쪽과 북쪽으로는 각각 인천광역시와 부천시가 있고 북동쪽으로는 광
명시가 있다. 동쪽과 남쪽엔 각각 안양시와 안산시가 자리 잡고 있는 가운
데 남서쪽으로는 서해와 접한 상태다.

　　시화간척지를 매립한 시화공단(시흥스마트허브)이 있어 수도권 주거 및 공
업의 산업요지이자 제2경인고속도로 서해안고속도로 영동고속도로 수도
권제1순환고속도로가 동서와 남북을 가르고 있는 교통 요지다.

　　평택항, 인천항, 인천국제공항, 김포공항이 인근에 있어 물류의 접근도
도 탁월하다. 2021년 2월 광명시와 붙어 있는 과림동 일대가 3기 신도시
인 광명시흥신도시로 지정된 지경이다. 신안산선이 개통되면 매화, 시흥
시청지역이 유기적으로 연결되며 서해선과도 환승이 가능해지면서 서울
역까지 빠르게 진입할 수 있게 된다.

경강선 일부인 월곶~판교선까지 개통되면 시흥의 3대 시가지인 정왕
~월곶, 시흥시청, 대야~신천지역이 유기적으로 연결돼 월곶~시흥시청
구간에서 서울과의 접근성이 크게 개선된다. 인천도시철도 2호선 역시 장
기적으로 시흥시로 연장될 가능성이 높다.

시흥시의 지역 랜드마크인 배곧신도시(면적~4,907,148㎡)는 소래포구 동쪽
에 있는 배곧동 소재의 신도시 및 경제자유구역으로 계속 진화 중이다.

지난 1985년부터 1996년까지 한국화약(현 한화그룹)에서 시험장으로 매
립했던 토지로 과거 군자매립지로 불렸다. 서울대학교 시흥캠퍼스 1단계
공사가 완료됐고, 현재 2단계가 진행 중이다.

서울대학교병원은 오는 2026년 준공예정이며 서울대학교가 연구시설
을 중심으로 한 캠퍼스가 조성 중이다. 서울대학교병원 설립 예비타당성
조사가 통과된 상태다.

신도시 인근 2km 이내에 오이도역(수도권전철4호선, 수인분당선)과 달월역
(2014. 12월 개통한 수인분당선)이 있다. 경강선 월곶역은 오는 2025년 개통할
예정이며 신도시 인근에 월곶역, 장곡역을 지나는 수도권전철 경강선의
월곶~판교구간이 공사 중에 있다(공사기간~2021~2026).

인근 지역에 송도 인천신항 화물인입선인 인천 신항선이 계획돼 국토
부의 제3차 국가철도망 구축계획에 반영된 상태다.

인천 신항선은 월곶역에서 인천신항을 잇는데 시흥시는 인천 신항선을
배곧신도시 방향으로 끌어와 배곧역을 세워 배곧역 거쳐 인천신항으로 향
하는 노선을 제안하고 있다.

제2경인고속화도로의 남동대교와 정왕나들목이 배곧신도시 북부를 지
나간다. 신도시 내의 도로명은 배곧1로 배곧2로부터 배곧5로까지 있다.
신도시를 가로지르는 서울대학로가 있고 영동고속도로와 제3경인고속화
도로가 교차하는 월곶분기점이 있다.

• **제3경인고속화도로**(14km) – 기점 : 인천 남동구 고잔동 고잔톨게이트, 종점 : 경기 시흥시 목감동 목감나들목

2026년 개통예정인 인천안산고속도로가 지나갈 예정이다.

맞은편에 송도국제도시가 있는데 송도국제도시와 배곧신도시 간 배곧대교(연결교량)가 생길 예정이며 배곧대교 건설사업은 경제자유구역 개발계획에 들어있다(2026년 완공예정).

제3경인고속화도로 정왕나들목 부근에 2017년 4월 오픈한 신세계사이먼의 프리미엄아울렛이 있다. 2020년 5월13일 중부지방해양경찰청이 신청사 부지로 배곧신도시가 확정돼 오는 2025년 이전할 예정이다.

무엇보다도 시흥의 강점은 동탄신도시와 더불어 전국에서 가장 젊은 도시 중 하나라는 점이다. 젊은 도시의 특징 중 하나가 바로 높은 접근성인데 이는 지역자랑거리다. 접근성(현재의 존재가치)은 개발계획(미래의 가치)보다 더 중요한 사안이기 때문이다. 언제나 그렇듯 높은 접근성은 빼어난 도로의 현재가치로 점철, 연계된다.

77번 국도 – 안산시에서 넘어와 시화국가산업단지, 배곧신도시, 월곶을 거쳐 인천으로 넘어간다.

다양한 고속도로도 시흥의 지역자랑거리다.

예)
서해안고속도로(목감나들목)
영동고속도로(월곶분기점)
제2경인고속도로(신천나들목)
수도권제1순환고속도로(도리분기점, 시흥나들목)

평택시흥고속도로 수원문산고속도로(동시흥분기점)

제2경인고속도로(정왕나들목, 연성나들목)

• **평택시흥고속도로**(제2서해안고속도로 40km) — 평택 청북읍 고잔리~시흥 거모동(주요경유지 : 평택~화성~시흥)

• **수원문산고속도로**(평택파주고속도로 117.9km) — 기점 : 평택 오성읍 숙성리 오성나들목, 종점 : 파주 문산읍 내포리 내포나들목

개통일

2009. 10.29 - 오성나들목~서오산분기점~봉담나들목

2016. 4.29 - 봉담나들목~남광명분기점

　　　　　　　　남광명분기점~소하나들목(지선)

2020. 11.7 - 행주산성분기점~내포나들목

　　　　　　　　남고양나들목~봉대산분기점(지선)

오는 2024년 남광명분기점~88분기점이 개통할 예정이다.

광명시의 광명(光明) 시대(기회)가 오고 있다

경기도에서 과천시와 더불어 서울 지역번호 02)를 사용 중인 광명시는 서울과의 접근성이 매우 높은 서울의 위성도시(베드타운)다. 서울의 위성도시답게 서울로 출퇴근하는 인구가 많다. 경기도 내에서 1위를 기록하고 있다. 서울과 경기도 간 통계 비율집계에서 광명시가 50%로 경기도 내에서 서울과의 통행비율이 가장 높게 나왔다. 광명시는 과천시와 닮은 점이 많다.

과천시와 광명시의 공통점

1. 경기도 안에서 '작은 거인' '작은 서울' 이라는 닉네임을 부여할 만큼 서울과 근접한 거리에 자리 잡고 있다. 화성이 '작은 수원'이라면 광명은 '작은 서울'이다. 화성과 광명의 경우 서울과의 접근성을 비교 할 수 없다. 서울과의 거리 차이가 심해서다.

화성이 작은 수원인 이유는 수원의 지역DNA가 다량 함유된 지경이기 때문이다. 과천과 광명이 작은 서울인 이유는 서울 지역번호 02)를 사용할 정도로 다량의 서울 DNA를 가지고 있기 때문이다.

현재 광명의 광명(光明)시대가 기대되는 상황. 재개발사업이 한창 진행 중이기 때문이다. 광명은 재개발시계에 휩싸여 있는 '재개발1번지'다. 지금은 재개발 영향으로 인구이동현상이 심해 인구가 줄고 있지만 재개발이 완성되는 시점부터는 인구가 증가할 것이다. 즉 실수요 겸 투자자가 급증할 것이다.

2. 버젓이 서울 지역번호 02)를 사용 중이다. 면적이 비슷하다.

3. 면적은 좁고 인구규모가 작은 수도권 과밀억제권역이다.

과천면적 – 35.8㎢

광명면적 – 38.5㎢

광명의 인구규모(288,366명)는 작지만 인구밀도는 7,546명/㎢로 높은 편이다. 직주분리지역(베드타운)으로서 서울로 출퇴근 하는 경제활동인구가 많기 때문일 것이다.

경기도에선 부천시, 시흥시, 안산시와 같이 경기도 서부권역으로 분류되나 생활권은 서울 영등포권역으로 분류될 수 있을 정도로 서울 생활권에 근접한 지역이 광명시다.

가학동 일대에 광명시흥테크노밸리사업이 추진된다.

• **광명시흥테크노밸리**(구 광명시흥보금자리주택부지) – 광명시와 시흥시 일대에 조성되는 계획도시형 산업단지(보금자리주택 계획이 무산된 후 산업단지로 용도변경이 됐다)

사업은 4개로 나눠서 진행한다(광명시흥 일반산업단지, 광명시흥첨단R&D 산업단지, 광명시흥유통지구, 광명시흥주거지구).

광명역세권개발사업은 광명시 일직동과 소하동 일대에 추진 중인 역세권개발사업으로 대한민국 KTX역세권 부동산개발사업으로는 최초로 시도된 것이다. 신안산선과 경강선이 개통되면 유동인구가 급증할 것으로 내다보인다.

경부고속선 광명역이 있으며, 신안산선과 월곶~판교선이 추진 중이다. 광명역 주변에 서해안고속도로와 제2경인고속도로 강남순환로 수원광명고속도로가 지나가며 광명역나들목과 소하나들목을 통해 접근이 가능하다.

광명시흥신도시는 광명시 광명동, 옥길동, 가학동, 노온사동, 시흥시 과림동, 무지내동, 금이동 일대에 지어질 3기 신도시이며 수용세대는 70,000세대로 3기 신도시 중 최대 규모다.

2023년 지구계획 수립해 2025년 입주자를 모집할 예정이다.

생활권과 서울 편입의 상황을 보면, 충청권에 대전광역시와 계룡시가 있고 대경권에 대구광역시와 경산시가 있다면 수도권에는 서울특별시, 광명시, 인천광역시, 부천시가 있다.

교통은 서울특별시계에 접한 경기도 도시 중 교통이 편리한 편이다. 서울지하철 7호선이 광명시를 관통한다. 경부선과 경인선이 인근에 있고 KTX광명역, 서해안고속도로 제2경인고속도로 수원광명고속도로(평택파주고속도로)가 있다.

광명과 관련된 예정된 역세권은 다음과 같다.

신안산선 본선 : 금천구 석수역~광명역~시흥 목감역(2024년 개통예정)
신안산선 지선 : 금천구 석수역~광명역~학온역~시흥 매화역(2024년 개통예정)

여의도~광명구간은 신안산선 본선과 선로를 공유할 예정이며 광명~
시흥시청 구간은 경강선과 공유할 예정이다.
시흥시청~서화성남양역 구간은 서해선과 선로를 공유할 예정이다.

• 수도권전철 경강선 : 시흥매화역~학온역~광명역~안양 만안역(석
수동)

경강선 시흥~성남구간은 오는 2026년 개통예정이며 경강선 전 구간
개통 시 KTX-이음도 운행할 예정이다.

안산시의 경제적 가치를 찾는 방법

　광명시처럼 인구는 줄고 있지만 안산시의 경제적 가치는 여전히 높다. 면적 144.9㎢의 안산시 인구규모는 644,583명(2022.10기준)으로 여전히 수도권을 대표하는 대도시임엔 틀림없다. 인구밀도가 상당히 높은 편(4,483 명/㎢)인데 이는 순전히 풍부한 일자리와 잠자리 덕분이라 본다. 더불어 탁월한 입지여건도 빼놓을 수 없다.

　안산은 반월국가산업단지와 시화국가산업단지가 있는 수도권 공업의 핵심지역으로 서북쪽으로 시흥시와 접하며 동쪽으로 향하면 군포, 의왕, 수원시를 만나게 된다. 북동쪽으로는 안양시와 인천 연수구가 있으며 남쪽엔 화성시와 접한 지경이다. 그리고 서쪽으로 가면 충남 당진, 서산, 인천 옹진군과 접할 수가 있어 그야말로 명실공히 수도권과 충청권을 연계하는 가교역할을 톡톡히 하고 있다.

　공단1번지이자 바다 활용도가 매우 높은 안산은 대부도가 지역자랑거리다. 땅값도 비싼 동네로 공단과 더불어 지역 랜드마크로서 손색없는 곳이다. 이로써 안산을 관광1번지라고 해도 무방한 지경. 대부도는 단원구 본토의 면적과 비슷하고 간척사업으로 인해 평야가 증가세이기 때문이다.

대부도 서쪽으로는 인천 옹진군 소속의 선재도와 영흥도로 이어진다. 북쪽으로는 시화방조제를 통해 시흥시로 이어진다. 남동쪽으로는 시화호와 경기만을 잇는 해협 사이로 화성과 접한 지경이다. 특이하게도 대부도는 인천 지역번호 032)를 사용하고 있다.

대부도, 선감도, 풍도는 경기도 안산시 단원구 대부동 소속이다. 대부도는 해당지역도 넓고 해역경계는 인천 옹진군과 접하며 심지어 충남 당진, 서산 관할 해역까지 영향을 미칠 정도로 지역영향력이 상당하다.

베드타운 성격이 강한 용인, 부천, 고양 등과 달리 안산은 반월공단이라는 지역 최고의 랜드마크가 있어 자급자족이 가능하다. 도시면적의 3분의1이 공단 차지다. 30%가 대부도와 풍도 등 도서지역 면적이다.

3기 신도시 추진과 함께 진행되는 중소규모 택지지구 중 안산장상지구, 안산신길2지구가 포함되면서 인구가 증가할 것으로 보인다. 더불어 건건동, 사사동이 3기 신도시 의왕군포안산신도시에 포함돼 인구증가가 예상된다. 예전 인구규모를 무난히 회복할 것으로 보인다.

안산시는 서울 구로공단 이전계획 및 포화된 서울인구의 이전 목적으로 만들어진 계획도시다. 고잔신도시는 고잔동(현 호수동), 초지동, 해양동, 이동, 사동 일대가 수혜지역이며 1997년 이후에 개발된 신도시다.

중심지는 안산문화광장으로 이곳에 신안산선 호수역이 생길 예정이다. 초지역세권엔 오는 2026년 목표로 인천발KTX가 들어설 예정이며 초지역세권개발사업이 진행 중이다.

신안산선, GTX-C노선, 인천발KTX가 모두 완성된다면 안산 가치가 급변할 것이다. 신안산선은 한양대~중앙역~광명역~여의도(1단계구간)~공덕역~서울역(2단계)을 잇는 노선으로 오는 2025년 개통예정이다.

GTX-C노선의 상록수역 연장이 확정돼 기대감이 증폭된 상태다. 지난 2020년 12월 안산시에서 수인분당선 사리역과 2024년 개통예정인 신안산선 한양대역을 연결하는 도시철도 트램건설을 검토 중이라고 밝힌 바

있다.

고속도로는 서해안고속도로와 평택시흥고속도로가 남북으로 영동고속도로가 동서로 지나가며 수도권제1순환고속도로와 수원문산고속도로도 시 외곽을 지난다. 안산시에 존재하는 나들목으로는 안산나들목, 서안산나들목, 남안산나들목이 있다.

수인산업도로가 시의 남북을 동서방향으로 가르고 수인산업도로의 해안로가 시내 남단을 따라 공단까지 연결돼있다.

- **수인산업도로**(수인로 37km) — 기점 : 수원 팔달구 고등동 육교사거리
  종점 : 인천 남동구 장수동 장수사거리
  주요경유지 : 인천~시흥~안산~수원

서해선과 직결 운행예정인 대곡소사선이 완전 개통되면 철도를 이용해 김포공항으로 수월하게 이동할 수가 있다.

공업도시인 안산의 주요상권은 두 부류로 분류가 가능하다.

1. **구도심상권** —중앙역 상권, 상록수역 상권, 고잔신도시 상권인 한대앞역 상권, 안산문화광장 상권으로 구성

2. **신도심상권** — 그랑시티자이 복합용지 상권, 초지역세권 상권

- **그랑시티자이** — 주상복합(아파트, 오피스텔, 규모–43~49층).
  경기도 주관 첨단업무지구가 들어설 예정이며 주변에 한양대학교에리카캠퍼스와 경기테크노파크가 있다. 화성시 송산그린시티 새솔동과 단일생활권이다.

안산 인구는 감소세지만 지역이 젊은 편이다. 역시 상아탑과 기업 영향력이 크다. 대학교가 4개(서울예술대학교, 신안산대학교, 안산대학교, 한양대학교 ERICA캠퍼스)에 기업체 수가 10,755개 업체(2020. 1.1 기준)에 달한다. 근로자 수는 150,215명으로 지역이 젊다.

예)
반월국가산업단지 근로자 수(7,470명)
시화국가산업단지 근로자 수(2,766명)
시화MTV(시화멀티테크노밸리) 근로자 수(414명)

안양시의
교통 강점

　1기 신도시 평촌신도시가 있는 안양시의 인구는 감소세지만(548,372명) 향후 교통 문화가 진화될 것으로 보아 인구 회복 가능 지역이 될 것으로 전망된다(60만 명).

　1기 신도시들의 특징은 주거인구가 감소하고 있다는 것이다. 중동신도시의 부천시가 그렇고 일산신도시의 고양시, 그리고 분당신도시의 성남과 산본신도시의 군포시 역시 감소 또는 정체현상에 놓여 있다.

　면적 58㎢의 안양시의 인구밀도는 9,403명/㎢로 높은 편이다. 안양은 서울의 위성도시 중 하나로 안양권(안양시, 군포시, 의왕시, 과천시)의 중심도시이며 추후 동탄인덕원선, 경강선 월곶~판교구간이 개통되면 수도권 교통 요지가 될 곳이다. 광명시와 더불어 과거의 인구를 회복할 수 있을 것으로 내다보인다.

　안양시에서 가장 중요한 고속도로는 수도권제1순환고속도로다. 평촌신도시 남부를 지나며 평촌나들목이 있다. 학의분기점 통해 봉담과천로 이용이 용이해 지역 접근도가 높다.

학의분기점 – 경기도 의왕시 청계동, 학의동, 포일동에 걸쳐 있는 수도권제1순환고속도로 분기점

서해안고속도로는 안양시와 광명시 경계부분을 걸쳐서 지나간다. 안양시 내에 광명역나들목이 있다. 일직분기점은 안양, 광명 두 도시의 경계에 걸쳐 있지만 광명시 관할이다.

광명역나들목 – 서해안고속도로 35번. 경기도 안양시 만안구 박달동에 위치한 서해안고속도로 나들목이며 고속도로 나들목 중 처음으로 철도역 이름이 붙은 나들목이다.

일직분기점 – 경기도 광명시 일직동과 안양시 석수동에 걸쳐 있는 서해안고속도로와 제2경인고속도로 분기점

안양시에서는 고속철도를 이용할 수 없지만 인근 경부고속선 광명역을 통해 고속철도를 탈 수 있다.

경부선철도와 함께 수도권전철 1호선이 만안구의 남북을, 수도권전철 4호선이 동안구의 동서로 지난다. 이 지하철이 교차하는 역이 금정역이며 안양역이 관리하고 있다.

2026년 경강선 월곶~판교구간이 이 지역을 동서로 관통하며 안양역과 인덕원역이 환승역이 될 예정이다. 동탄인덕원선은 기존 환승역인 인덕원역과 안양농수산물시장역과 호계역이 신설될 예정이다. GTX-C노선이 인덕원역에 정차하는 사안과 안양역까지 연장하는 것도 검토 중이다.

안양 철도의 현재가치와 미래가치

1. 수도권전철 1호선 : 금천구 금천구청역~석수역~관악역~안양역~ 명학역~군포시 금정역(경부선 구간이며 안양역은 안양에 있는 역들 중 가장 오래된 역이다)

2. 수도권전철 4호선 : 과천시 정부과천청사역~인덕원역~평촌역~범계역~군포시 금정역(과천선 구간이며 범계역은 평촌신도시의 중심역이다)

3. 수도권전철 경강선 : 광명시 광명역~만안역~안양역~안양운동장역~인덕원역~의왕시 청계역(의왕시 청계동 865-31일대)

4. 동탄인덕원선 : 인덕원역~안양농수산물시장역~호계역~의왕시 오전역(2026년 개통예정이며 위례과천선 직결이 현실화 되면 정부과천청사역 이북으로도 연장이 가능해진다)

5. 수도권 광역급행철도 C노선 : 군포 금정역~인덕원역~과천시 정부과천청사역(오는 2027년 개통예정)

당찬 '철의 도시'
당진시의 지역 랜드마크

'철의 도시'(철강1번지) 당진시가 경기도 평택시와 연동할 건 환황해경제자유구역으로서 명망이 높기 때문일 것이다. 즉 당진과 평택은 하나다. 물의 도시(바다)로서 유전자가 같다. 함께 진화할 이유다.

지역 궁합이 최고다! 지난 1986년 12월5일 개항한 평택·당진항은 바다 힘을 통해 수도권과 충청권이 연동하는 상황을 매번 연출하고 있다. 표출하고 있다.

평택 당진이 진화할 원동력은 바다의 높은 존재가치다. 평택, 당진, 화성은 하나로 연동한다. 역시 바다의 힘 때문이다. 바다가 없었다면 불가능한 결과다. 바다를 통해 연을 맺었다.

평택, 당진의 랜드마크 – 평택·당진항

평택·당진항은 아산만을 사이로 경기도 평택시 포승읍에서 충남 당진시 송산면까지 아우르는 대규모 무역항으로 배후 교통을 맡은 평택선이 완전 개통하면 서해선과 연계가 가능해 수도권과 남부지역으로 화물 운송

이 가능하게 된다.

평택선(8.8km)은 2015년 2월24일 평택 미군기지와의 연계를 위해 평택
~창내구간이 먼저 개통됐고 창내~포승구간은 2023년 안에 개통할 예정
이다.

면적 705㎢의 당진 인구는 167,755명(2022년 10월 현재 인구밀도는 236명/㎢).
인구규모는 크지 않지만 당진은 지금 충청남도 내포지방(예산, 당진지역)에
위치해 간척사업에 의해 진보 중이다. 역시 바다를 활용한다. 입지조건이
좋다. 동으로 평택이, 동남쪽으로는 아산이 접한 지경. 서와 남에 각기 서
산과 예산이 접해 있다. 북쪽으로 가면 화성을 만나볼 수 있다.

수도권과의 접근성이 높은 당진은 21세기 들어 급변할 수 있었다.
2000년 서해대교가 건설돼 서해안고속도로를 통해 수도권과의 접근도를
높일 수 있었던 것. 당진이 신산업단지후보지로 급부상할 이유다.

당진이 충청권에서 인기가 높은 건 기획부동산에서 수많은 맹지를 판
매했기 때문인데 지금도 기획부동산에선 당진이 인기 있다. 비수도권에서
유일하게 장기간 땅 가치를 업로드 시킬 수 있었던 건 기획부동산의 활동
반경(행동반경)과 직결된다. 이를테면 기획부동산이 당진의 홍보대사 역할
을 톡톡히 한 것이다. 당진시민 입장에서, 그리고 시 입장에서 감사해야
할 일 아닌가? 감사패를 주어도 무방할 정도로 지금도 역할이 크다. 특히
실수요자들을 위해 건축 가능한 작은 평수의 땅을 판매하는 곳도 있다.

철강회사(현대제철, 동국제강, KG동부제철 등)가 많은 당진은 2010년대 들어
현대제철이 완공되면서 포항시, 광양시에 이어 국내 제3의 철강산업도시
로 급부상 중이다.

2024년 당진시 외곽의 합덕읍 일대엔 역이 지나간다(합덕역). 여객철도
는 아니지만 단선철도인 석문산단 인입선(합덕~송악~송산~석문)이 예비타당
성 면제사업에 선정된 상태다.

• **합덕역**(합덕읍 도리 21-2) : 지목은 답(畓)이며 면적은 108㎡. 용도지역은 농림지역(농업진흥구역)이다. 합덕역은 당진시에 처음 들어서는 유일한 철도역이며 장항선의 신례원역과의 거리는 9km 떨어져 있다. 신례원역과의 연결을 추진 중이다. 도로는 서해안고속도로(고속국도 15호선)와 서산영덕고속도로(30호선)가 있다.

서산영덕고속도로는 충남 중부를 관통하며 대전과 직통으로 이어지면서 당진~대전 간 고속버스가 개통돼 충남권 교통여건이 개선됐다.

• **서산영덕고속도로**(330km) - 기점 : 당진시 당진분기점, 종점 : 경북 영덕군 영덕읍 영덕나들목

2007. 11.28 : 청주~낙동
2009. 5.28 : 당진~유성
2016. 12.26 : 낙동~영덕
2029(예정) : 대전~당진

주요경유지 : 당진~대전, 청주~상주~영덕

향후 당진에 철도는 신설되고 고속도로가 당진분기점~서산 대산구간이 확장되면 지금보다 크게 진화될 것이다. 서해안에 위치한 산업단지가 당진 경제의 핵심이다. 송산면에 현대제철 당진제철소, KG동부제철, 동국제강 등 제철단지가 있다. 송산일반산업단지, 부곡지구산단, 고대지구산단은 당진의 자존심이자 자부심이다. 고대지구산단은 서해안고속도로 송악나들목과 가깝다. 360만 평의 석문국가산업단지가 완공되면 2025년까지 많은 기업들이 입주할 것으로 예상된다.

당진의 강점은 대중국과 최단 거리라는 점과 수도권에 인접해 접근도가 최고라는 점이다. 게다가 철강 클러스트 구축으로 풍부한 일자리를 확보한 지경(예-하이코스, 세아제강, 환영철강, 휴스틸 등).

2022년 현재, 당진시의 사업체수는 13,475개, 종사자수는 총 85,920명이다(남자58,631명에 여자는 27,289명).

보령시와 태안군의
지역공통점

장항선 철도가 남북으로 통과하는 보령시엔 대천역, 웅천역, 청소역이 있다. 대천역에서 동쪽으로 500미터 떨어진 곳엔 보령 공영종합터미널이 있는데 향후 대천역~조치원역을 연결하는 보령선(충청문화산업철도)이 조성될 예정이다. 남북으로는 서해안고속도로가 통과한다(무창포나들목+대천나들목+광천나들목).

서해안고속도로가 있어 수도권과 호남권으로의 이동이 용이하다. 현재 보령~대전~보은 동서고속도로가 추진 중이다. 인근 안면도와 원산도는 연륙교로 연결돼있는데(공사기간은 2011.10~2019) 이 연륙교의 의미는 특별하다. 대천항과 안면도 사이에 있는 원산도를 중간 지점으로 하는 국도 77호선의 기간산업의 의미를 담고 있기 때문이다.

대천항부터 원산도를 잇는 보령해저터널이 지난 2021년 12월1일 완공되므로 서해안해수욕장 관광벨트(태안 만리포~안면도 꽃지~원산도~대천~웅천~무창포~비인 춘장대)가 완성돼 지역경제효과가 높아지고 있다.

보령엔 가동 중인 산업단지와 계획 중인 산업단지가 있다.

가동 중인 산업단지

1. 관창일반산업단지(보령시 주교면 관창리 일대. 입주업체 : 19개 업체)
2. 요암농공단지(보령시 요암동 일대. 입주업체 : 14개 업체)
3. 웅천농공단지(보령시 웅천읍 구룡리 일대. 입주업체 : 35개 업체)
4. 웅천석재농공단지(보령시 웅천읍 대창리 일대. 입주업체 : 25개 업체)
5. 주산농공단지(보령시 주산면 야룡리 일대. 입주업체 : 2개 업체)
6. 주포농공단지(보령시 주포면 관산리 일대. 입주업체 : 19개 업체)
7. 고정국가산업단지(보령시 오천면 고정리 일대. 입주업체 : 1개 업체)
8. 주포제2농공단지(보령시 주포면 관산리 일대. 입주업체 : 16개 업체)
9. 청소농공단지(보령시 청소면 장곡리 일대. 업주업체 : 20개 업체)

조성 중인, 계획 중인 산업단지 현황(4개 단지)

1. 관창일반산업단지(관산지구) – 주포면 일대
2. 영보일반산업단지 – 오천면 일대
3. 웅천일반산업단지 – 웅천읍 일대
4. 청라농공단지 – 청라면 일대

보령시는 시가지를 중심으로 남북으로는 장항선철도와 국도 제21호선이, 동서로는 국도 제36호선과 국도 제40호선이 각각 통과해 서해안교통의 중심을 이루고 있다.

장항선과 서해안고속도로가 남북으로 관통하고 장항선의 주요역인 대천역과 웅천역이 있다.

서해안고속도로 무창포나들목과 대천나들목, 광천나들목이 있으며 보령해저터널이 2021년 개통됐다.

지역행사인 머드축제가 지역 유치의 의미가 있다면 보령해저터널의 의미는 더 크다. 지역 랜드마크로서의 명망이 높기 때문이다.

• 보령해저터널 – 보령시 대천항과 원산도를 잇는 6.9km의 해저터널로 국도 제77호선의 일부다

보령해저터널과 원산안면대교의 개통으로 보령시 대천해수욕장과 태안군 안면도 영목항의 거리가 95km에서 14km로 바뀌어 소요시간이 90분에서 10분으로 단축됐다.

보령시 지역라이벌인 태안군은 충남의 대표적 힐링공간이다. 지역 랜드마크가 바로 국립공원이기 때문이다. 보령시 원산도와 대천해수욕장 인근을 잇는 보령해저터널이 2021년 완공돼 교통량이 증가세다. 관광인구가 증가했다는 증거다.

고남면 일대에서 원산안면대교와 연결되는 구간이 확장 중이다. 2021년 38번 국도 시점이 서산시 대산읍에서 태안군 이원면으로 연장됐다. 충남 태안군 고남면 안면도 영목항에서 보령시 대천항 사이 총연장 14km를 해상으로 잇는 원산안면대교가 완공돼 보령시 오천면 원산도와 태안군 고남면의 접근도가 한결 높아졌다.

제2차 고속도로망 계획에선 태안~세종이 확정됐다.

철도가 지나지 않아, 인근 홍성군이나 예산군으로 가서 장항선을 이용해야 한다. 현재 충남에서 서해안을 접하고 있는 지역 중 서산과 함께 철도교통이 없는 곳이 태안이다. 그러나 2020년 들어 서산시 등 인근 지자체와 함께 내포신도시에서 출발하는 서해안 내포철도를 추진 중이다.

• 서해안 내포철도 – 예산군 예산역에서부터 서산시를 거쳐 태안군 안흥을 잇는 철도

해안지역 대부분이 태안해안국립공원(태안군, 홍성군)으로 지정돼있다. 안면도 등 119개 섬을 보유하고 있는 태안군은 해수욕장을 30개 보유하고 있다. 남면에는 항공종합교육시설을 갖춘 한서대학교 태안캠퍼스가 있다. 한국서부발전(태안군 태안읍 중앙로) 본사가 있고 기업도시로 선정돼 개발이 진행 중이다.

홍성군과 예산군은 지역통합이 가능한 충남의 지역패키지작품

　　내포신도시를 가슴에 품고 있는 홍성군과 예산군은 지역통합의 가능성이 높은 곳이다. 지역통합이 기대되는 곳이다. 대다수 해당지역주민들의 여망이지 않을까 싶다.

　　청주통합시가 청원군을 통합해 대도시가 된 것처럼 홍성군과 예산군도 통합을 통해 충남의 대표적 관광도시로 진화, 전환할 수 있을 것이다.

　　지난 2012년에 충청남도청이 대전광역시에서 홍성군(면적-446.7㎢)의 내포신도시로 이전하면서 홍성군이 달라지고 있다. 게다가 2024년 서해선 복선전철이 완공되면 지금보다 더 큰 변화가 일어날 것이다.

　　• **내포신도시** - 홍성군 홍북읍 신경리 예산군 삽교읍 목리에 위치한 충청남도청 이전 신도시(규모-9,951,729㎡).

　　충청남도의 중서부에 위치한 홍성군과 예산군의 경계에 조성한다.

　　홍성군은 충청남도 군 중 인구가 가장 많다.

　　서해안고속도로가 지나가는데 갈산면과 은하면에 각각 홍성나들목과 광천나들목이 있다. 당진영덕고속도로 개통 후 예산수덕사나들목 통해 대전 및 영남과의 접근성이 높아졌다. 현재 장항선이 홍성읍의 홍성역과 광천읍의 광천역을 지나고 있고 서해선 공사로 지역접근성이 높아져 지역잠재성을 기대하는 사람들이 많다. 신안산선과 수도권전철 서해선, 대곡소사선이 완공되면 홍성과 서울의 접근성이 한결 높아질 전망이다.

장항선 홍성역은 장항선 여객수송량 1위다. 광천역 역시 장항선의 모든 열차가 정차하는 주요역이다. 장항선에는 관광열차로서 세계 최초의 온돌마루 설치열차인 서해금빛열차가 운행 중이다.

예산군(면적-542.6㎢)은 충남지역 군 중 인구가 두 번째로 많은 곳이다. 북동으로는 아산시가 접한 상황이고 동과 남으로는 각각 공주시와 청양군과 접했다. 남서로 홍성군과 접한 지경.

서쪽으로 가면 서산시를 만나고 북서쪽엔 당진시가 있다.

장항선이 있고, 관내에 예산역, 신례원역, 삽교역이 있는데 오는 2025년 서해선 삽교역이 개통될 예정이다.

• **삽교역**(예산군 삽교읍 삽교리 86-1) – 지목 : 답, 면적 : 3,967㎡, 용도지역 : 농림지역, 개발행위허가제한지역, 농업진흥구역

내포신도시와 해당지역 주민들을 위해 신설되는 역으로 오는 2025년 개통예정이다. 이 역에서 내포신도시로 연결되는 제2진입로가 개통됐고 추후 서해안 내포철도의 정차역이 될 예정이다.

고속도로는 서산영덕고속도로(고덕나들목, 예산수덕사나들목, 신양나들목)가 지나간다. 충남 군 지역에서 농공단지와 일반산업단지가 가장 많다.

대부분 삽교역, 고덕나들목, 예산수덕사나들목과 인접해 있다.

예) 농공단지(예산농공단지, 삽교농공단지, 고덕농공단지)

일반산업단지(예산일반산업단지, 예당일반산업단지)

상권이 발달할 곳은 예산읍, 덕산면, 내포신도시(삽교읍)인데 특히 예산읍의 경우 군청소재지로 인구 40% 이상이 거주하고 있다. 지역편중이 심한 상태다.

서산영덕고속도로가 지나가다보니 대전과 세종시와의 접근성이 높으며 대한민국에서 가장 큰 저수지인 예당저수지가 있다.

2012년 삽교읍일대 내포신도시로 충청남도청, 충청남도의회, 충남지방경찰청이 이전한 상태다.

예산엔 수도권전철이 없지만 신창역과는 가까운 편이다. 예산읍 대회리 일대엔 국립대인 공주대학교 예산캠퍼스가 있는데 공주대 캠퍼스들 중에선 가장 최근 만들어진 곳이다.

예산군엔 138만 평 규모의 4개 산업단지가 조성되는데 응봉면 증곡리와 오가면 월곡리 일대에 예산제2일반산단이 조성될 예정이다. 112만 1000㎡ 규모로 오는 2024년 완성될 예정이다.

예산의 도로도 넓어진다.

서해선 복선전철, 장항선 수도권전철 연장운행, 서부내륙고속도로 건설을 통해 지역진화를 바랄 수 있는 상황이다.

• **서부내륙고속도로**(=익산평택고속도로) – 전북 익산시 익산분기점과 경기 평택시 안중나들목을 잇는 고속도로로 서해안고속도로와 논산천안고속도로의 교통량 분담을 위해 추진한다.

익산분기점(계획중)

동익산나들목(계획중)

함열나들목(계획중)

부여나들목(공사중)

부여분기점(공사중)

청양나들목(공사중)

의좋은형제나들목(공사중)

예산분기점(공사중)

예산나들목(공사중)

인주분기점(공사중)

평택호나들목(공사중)

현덕분기점(공사중)

안중나들목(공사중)

충남을 대표하는 공업도시
서산시의 지역가치는?

면적 742㎢의 서산시는 충남 내포지방에 있는 천안, 아산 다음으로 큰 도시다. 동쪽으로 가면 당진, 예산을 만나게 되고 서쪽과 남쪽으로는 각기 태안과 홍성을 접한 지경이다. 북쪽으로는 황해와 접한다.

2000년대 중후반부터 서산테크노밸리 등 여러 산업단지가 입성하면서 본격적인 인구유입이 시작됐다. 대산읍엔 현대오일뱅크, LG화학, 한화토탈, 롯데케미칼, KCC가 있고 성연면과 지곡면 일대에는 현대트랜시스, 현대위아, 기아의 대표 경차 모닝과 레이를 생산하고 있는 동희오토(성연면 일대)가 있다. 이로써 서산을 충남 서해안권 중 서북부 해안권의 지역중심도시라고 말할 수 있다.

운산면, 해미면, 고북면을 지나는 서해안고속도로가 지나며 국도 29호선(보성~대산)과 32호선(만리포~대전)이 서산시를 각각 남북과 동서로 관통한다. 동쪽에 서해안고속도로가 지나가며 해미나들목과 서산나들목이 있다.

지난 2016년 당진영덕고속도로 대산 연장에 대해 예비타당성조사를 통과한 바 있다.

서산은 지역라이벌인 당진과 함께 철도가 없는 곳이다. 당진시가 서해선이 건설 중이라 충남 시(市) 중 서산시가 유일하게 철도가 없다. 그러나 제3차 국가철도망 구축계획에 대산항선이 포함되면서 서산시에도 철도가 들어올 예정이다.

• **대산항선** – 서산시 대산항에서 석문국가산업단지 인입철도의 석문산단역까지 연결하는 총길이 18.6km 단선철도.

충남에서 역점적으로 추진하는 노선으로 대산항, 대산산업단지를 포함한 충남 임해공업단지의 활성화 목적으로 반영된 것이다.

• **석문국가산업단지 인입철도**(31km) – 합덕역과 석문산단역을 연결하게 될 화물철도 단선노선.

서해선 합덕역(합덕읍 도리)에서 석문산단 신설역(통정리일대)까지 연결된다 (합덕~거산~당진송산~석문산단역). 이 사업은 2019년 1월 예비타당성조사가 면제됐다. 장항선 삽교역에서 분기해 신설예정인 덕산역과 합덕역을 지나 석문국가산업단지 인입철도와 연결될 예정이다. 대산산단 일대로 연장된다. 연결된다. 향후 중부권 동서횡단철도로 사업이 확장될 예정이다.

• **중부권 동서횡단철도** : 서산~당진~예산~아산~천안~청주~괴산~문경~예천~영주~봉화~울진 등 12개 시·군 330km를 연결하는 철도노선.

서산시 해미면 일대에 개항을 추진 중인 서산국제공항은 제20전투비행단의 부지 내에 있다. 공항으로 인한 효과는 청주국제공항, 김포국제공항, 군산공항의 수요분산이다.

전국에서 유일하게 공항이 없는 충남지역에 공항이 필요한 이유다. 같은 내포지방 도시인 당진, 예산, 홍성, 태안군을 수요로 흡수할 상황이다.

서산 대산항은 대산읍 대죽리 일대에 있는 무역항으로 지난 2006년 12월엔 충청권 최초의 공용부두가 건설됐다. 대산항 국제여객터미널 건립으로 여객과 물류가 공존하는 항만으로 성장했다.

서산시의 지역동력은 현재 358개에 이르는 공장이 등록돼있다는 사실이다. 최근 자료에 따르면 산업종사자가 18,493명에 이른다. 주요 산업단지로는 국가산업단지인 대죽자원비축산업단지가 있으며 11개소의 지방산업단지와 4개소의 농공단지가 있다.

대산읍 독곶리 대죽리 일대에 조성된 대산석유화학단지 역시 빼놓을 수 없는 지역동력이다.

• **대산석유화학단지** – 현대오일뱅크, 한화토탈, 롯데케미칼, LG화학, KCC, 코오롱인더스트리 등 석유화학 관련 업체 50여개 기업이 입주해 조성된 6,408,000㎡의 개별입지 공장지역

서산의 국가산업단지 – 대죽자원비축산업단지(911,652㎡)

• **서산의 지방산업단지** – 서서산오토밸리, 서산인더스밸리, 서산테크노밸리, 대산컴플렉스 일반산업단지, 대죽일반산업단지, 대산일반산업단지, 대산2일반산업단지, 대산3일반산업단지

• **서산의 농공단지** – 서산고북농공단지, 서산성연농공단지

서산시도 바다가 지역자랑거리라 그 활용도가 매우 높다. 공업도시로서의 이미지 확장에 성공한 케이스가 바로 서산이다. 서산의 존재감이 바로 각종 산업단지다. 풍부한 일자리가 지역강점이다. 당진과 더불어 충남의 대표적 투자처가 될 연유다.

삼성과 현대가 한 자리에 있는
아산시의 잠재가치

충남 제2의 도시이자 충청권 5위 도시인 아산시는 경기도 화성시와 더불어 부자도시로 세계가 인정한 잠재력 강한 젊은 도시다.

대한민국을 대표하는 부자도시라 많은 사람들이 지금도 투자공간으로 여기고 있다.

북쪽으로 경기도 평택시와 마주하고 있어 수도권과의 접근도가 높다. 수도권전철 5개역이 지나고 있어 수도권과의 근접성이 강하다. 동쪽엔 지역라이벌인 천안이 있고 남서쪽으로는 예산이 접해 있어 지역연동성이 강한 편이다. 서쪽으로 가면 당진을 만난다.

지역 랜드마크가 대기업일 정도로 풍부한 기업들을 보유한 도시가 바로 아산시다. 삼성, 현대 등 대기업이 아산을 대변하는 입장.

예)
삼성전자 나노시티 온양캠퍼스
삼성디스플레이 탕정캠퍼스
현대자동차 아산공장

아산시에는 경부고속철도와 장항선이 통과하고 있다. 2021년 10월 30일 아산시의 5번째 수도권 전철역인 탕정역이 개통됐고 오는 2025년엔 배방역과 온양온천역 사이 풍기역이 개통될 예정이다.

아산역에서는 장항선 모든 열차와 수도권전철이 정차하고 천안아산역으로 KTX환승이 가능하다. 서해선 인주역이 개통예정이라 지역접근도가 더욱더 강화, 진화될 게 분명하다. 그동안 아산시 발전축은 배방읍과 탕정면 등 아산신도시지역인 아산시 동부에 집중돼 왔지만 인주역 통해 서부도 발전의 기회가 증폭되는 상황이다.

아산은 고속도로가 없지만 국도가 발전한 도시다. 아산청주고속도로와 익산평택고속도로가 계획돼있다.

• **아산청주고속도로**(55.9km) - 기점 : 청주시 흥덕구 옥산면 옥산분기점, 종점 : 청주시 청원구 오창읍 장대리 오창분기점

2018. 1.14 : 옥산~오창 개통
2023 : 서아산~천안 개통예정
2026 : 인주~서아산 개통예정

아산시는 충남 제조업의 기지로 지역명성도가 높다.

예) 삼성전자 반도체사업부 온양캠퍼스
삼성디스플레이 아산캠퍼스(구 탕정캠퍼스)와 코닝정밀소재가 탕정면 일대에 위치해 있다.

인주면에는 현대자동차 아산공장과 주변의 인주공단에 자동차 관련 제조업이 활발하게 움직이고 있다. 전국적으로 삼성전자 관련 공장과 현대

자동차 공장이 공존하는 곳은 아산시가 유일하다. 그만큼 공업도시로서의 지역희소가치가 높다는 것이다.

탕정산업단지 – 삼성디스플레이 아산캠퍼스

코닝정밀소재 아산사업장

삼성전자 나노시티 온양캠퍼스

인주산업단지 – 현대자동차 아산공장

현대글로비스 아산KD센터

신도리코 아산공장

크라운제과 아산공장

농심 아산공장

KCC 아산공장

현대모비스 아산공장

아산이 제조업이 발달한 지역이지만 든든한 지역 랜드마크는 따로 있다. 신도시다. 2기 신도시인 아산신도시가 배방읍 장재리에 있는 천안아산역, 아산역 주변에서 활약, 활동하고 있다.

수도권의 광교 및 위례신도시가 각기 수원, 용인 그리고 서울 송파, 성남, 하남에 의해 조성된 것처럼 아산신도시 역시 천안, 아산을 통해 조성되고 있는 상황이다. 결국, 지자체들이 모여 통합의 성격으로 신도시 품격을 높이는 것이다. 지역이 하나가 된 것.

아산신도시(면적-8.7㎢) **조성목적** : 천안아산역을 중심으로 한 수도권인구의 분산의 일환으로 조성됐고, 더불어 서해안시대 교두보 역할과 환황해 경제의 중추적 역할까지 전담하겠다는 강한 의지를 담고 있다. 그 기대감이 증폭된 지경이다.

1단계 사업 – 배방지구
2단계 사업 – 탕정지구

1단계 사업 – 66층의 초고층 주상복합아파트 천안 펜타포트는 신도시의 랜드마크

• **천안 펜타포트** – 37~66층 규모로 최고 239미터에 이른다.
충청권에서 가장 높은 건물로 충청권의 지역 랜드마크다.
부산을 제외한 비수도권에서 가장 높은 마천루다. 인근에 KTX, SRT 정차역인 천안아산역 및 수도권전철 1호선(장항선) 아산역이 있다.

2단계 사업 – 탕정면이 차지하는 비율이 높아서 '탕정신도시'라고 불렸다.

신도시개발과 더불어 도시개발사업지를 중심으로 아산에서는 오는 2028년까지 63개 단지, 10만6,100가구의 아파트가 건설될 예정이다.
수도권전철 1호선과 외곽순환도로 완성을 통한 간선도로망 확충, 아산~천안고속도로 서부내륙고속도로건설, 경부고속도로 아산나들목 개통 등으로 교통망 확충이 기대되는 상황이다.

• **아산나들목** – 아산시 배방읍 구령리에 설치될 예정인 아산청주고속도로의 교차로
수도권이 대기업을 통해 풍부한 일자리를 구비하고 준비할 수 있었던 것처럼 아산도 마찬가지다.
수도권의 지역색깔을 빼닮은 아산 지역은 젊다.
인구규모(332,790명) 대비 상아탑도 많은 편이다.

경찰대학(신창면)

순천향대학교(신창면)

호서대(배방읍일대)

선문대(탕정면일대)

한국폴리텍대학

유원대학교 아산캠퍼스

요컨대 아산의 높은 존재가치는 대기업과 대학교, 그리고 신도시 가치로 점철된다. 대기업(일자리)으로 인해 신도시(잠자리) 색깔이 파란색으로 변할 채비를 하고 있다. 직주근접이 가능한 젊은 공간이 아산인 까닭이다.

천안시를 '준수도권'으로
인정할 이유

　수도권을 대표하는 성남과 하남을 이란성쌍둥이라고 명명할 수 있듯 충청권을 대표하는 천안과 아산 역시 이란성쌍둥이다.

　2기 신도시인 위례신도시에 성남과 하남 일부가 포함돼있는 상태이고 2기 신도시 아산신도시 역시 천안과 아산이 포함됐다. 같은 입장이다. 지역위치만 다를 뿐 입지구조가 같은 지경이다. 발전과정과 변화의 색깔이 거의 동일하다.

　천안과 아산의 지역DNA가 같은 건 2기 신도시인 아산신도시 수혜지역이 아산, 천안이요, 천안아산역의 활용가치(존재가치)가 점차적으로 높아지고 있기 때문이다. 사용자가 급증세라 지역희소성이 강해지고 있다.

　수도권전철 1호선 6개역이 지나가 '준수도권'이라고 해도 무방하다. 즉 천안과 아산이 '준수도권'인 건 1호선에 11개역이 천안, 아산을 지나고 있기 때문이다. 천안, 아산의 높은 존재가치와 희소성이 충청권을 언감생심 '준수도권'으로 적극 인정할 이유다.

　인구 657,701(2022. 10기준)명인 천안시는 젊고 강하다. 노인인구 비율이 11%로 전국적으로 평균연령이 낮다. 이 같은 현상은 수도권과의 높은 접근성과 관련 깊다.

천안은 충청지역의 3대 도시(대전, 청주, 천안)로 충남 최대도시, 전국에서 17번째로 큰 도시로 전국 자치시 중 10번째로 크다.

비수도권 기초자치단체 중 창원, 청주 다음으로 인구가 많은 충남의 자존심, 자부심이 바로 천안이다. 입지 또한 탁월하다. 동쪽엔 진천군과 청주시가 자리 잡고 있고, 동서로는 각기 아산과 세종, 공주가 있다. 북으로는 평택과 안성이 자리 잡고 있다.

수도권과 인접해 있으면서 영호남지역 등 남부지역에서 수도권으로 이동하기 위해 반드시 거쳐야 하는 곳이 천안이다. 천안이 수도권과 남부지역을 잇는 교통 요충지인 까닭이다.

현재는 2기 신도시인 아산신도시 개발로 인해 천안아산역 인근에서 아산과 연동, 연계가 가능하다. 지역희소성이 최대가 될 수밖에 없다. 직산역을 중심으로는 첨단산업단지 조성계획이 있다.

병천 방면으로 세종포천고속도로 개통과 함께 동천안터미널 입성 계획도 있다. 수도권전철 1호선 청수역 신설이 논의 중이다. 중부권 동서횡단철도까지 확정되면 병천역이 신설될 예정이다(아산~천안~청주, 신창역~천안아산역~청수역~병천역~청주공항역).

무엇보다 천안의 강점은 수도권 대비 낮은 규제 수위다.

규제 강도가 높은 수도권을 피해 이곳을 선택하는 바람에 지역이 강해지고 있다. 풍선효과가 크다. 이곳은 수도권 규제(인구와 산업의 과도한 팽창현상)와 상관없어 공업도시로서의 위상이 높아지고 있는 상황이다. 겉모양새는 비수도권이지만 속성과 속살은 수도권이다. 인구유입이 유리한 이유다.

지난 1995년 시 승격된 천안시의 인구변화는 희망적이다.

천안시＋천안군(구 천원군)→천안시로 통합

1995년 − 333,630명
2000년 − 421,418명
2010년 − 557,673명
2020년 − 658,808명

서북구지역이 동북구지역보다 인구가 압도적으로 많다. 2008년 분구 당시엔 두 지역의 인구가 비슷했지만 서북구의 택지개발, 아산신도시 입주 등으로 격차가 벌어지기 시작한 것이다.

행정구역상 경기도가 아니라 수도권 규제를 피할 수 있다. 때문에 여러 대학, 공장이 천안에 굳건히 자리를 잡을 수 있다.

'준수도권'인 천안의 교통관계는 입지와 더불어 탁월하다. 교통은 입지를 통해 발현한다. 입지가 곧 교통의 재료인 셈이다. 천안에는 대표철도역인 천안역이 있으며 인근 아산시에 천안아산역이 있다. 이 두 역을 지나는 편수가 많은 편이다.

경부선, 호남선, 전라선, 장항선, 경전선(경부선 삼랑진역과 호남선 광주송정역을 연결하는 철도노선. 경상도의 '경'과 전라도의 '전'을 따와 명명), 충북선, 동해선이 통과하며 추후 천안~청주공항선과 KTX수인선이 통과할 예정이다.

수도권전철 1호선이 서울, 아산, 평택, 수원 등 타 수도권 도시들을 이어주는 광역철도와 천안의 도시철도 역할을 하고 있다.

천안아산역이 인근 아산시에 있어 KTX, SRT, 일반열차, 수도권전철 이용이 용이한 지경이다. 천안역, 성환역에서도 고속열차를 제외한 철도 이용이 용이한 상태다.

고속도로는 경부고속도로(목천나들목, 천안나들목, 북천안나들목)와 논산천안고속도로(남풍세나들목, 남천안나들목)가 있으며 세종포천고속도로 아산청주고속도로가 건설 중이다.

천안이 젊은 건 산업단지의 강세와 다양한 상아탑 때문이다.

천안의 산업단지가 몰려 있는 곳은 백석동, 성성동, 차암동 일대이며 주요사업장으로는 삼성SDI 천안사업장, 삼성디스플레이 천안사업장, 동아제약, 현대모비스, 세메스가 있다.

풍세면 일대엔 풍세산업단지가 있는데 이 단지 안에 이랜드 계열 기업들이 입주한 상태다. 성거읍 일대엔 종근당 등 기업공장이 산재해 있고 수신면, 성남면 일대엔 중소기업 공장단지가 입성한 지경. 직산읍 일대엔 쓰리세븐 본사가 있다.

도시규모 대비 상아탑도 많다(11개).

1. 고신대학교 천안캠퍼스
2. 공주대
3. 나사렛대학교
4. 남서울대
5. 단국대 천안캠퍼스
6. 백석대
7. 상명대 천안캠퍼스
8. 순천향대학교 의과대학
9. 한국기술교육대학교
10. 호서대 천안캠퍼스
11. 연암대학교

청주시 나이도 젊다

충청북도청 소재지인 청주시(면적-940㎢) 인구규모는 849,207명(2022.10 기준)으로 충북인구의 과반수를 차지하고 있다(53%).

시 하나가 도 인구의 과반수를 차지하는 경우는 제주도와 청주시 외에는 없다. 청주는 지방치곤 인구밀도가 높은 편(902명/㎢)이다. 인구규모가 클 뿐만 아니라 그 증가세도 무시할 수가 없기 때문이다.

2014년 청주시+청원군→통합청주시 출범
2010년 − 655,971명
2015년 − 831,912명
2020년 − 844,993명
2022년 − 849,003명

창원시의 뒤를 이어 비수도권 기초자치단체 중 인구 2위를 차지하고 있는데 청주의 강점은 젊은 인구가 많다는 것이다. 청주시의 평균연령이 41세로 전국 평균인 43세보다 젊다. 충북 도내에서 가장 젊다.

청주가 충북 최대도시이자 충청권 제2의 도시인 건, 경부고속도로와 중부고속도로 오송역(전국 유일의 KTX경부호남선 분기역), 청주국제공항(충청권 유일의 국제공항)이 위치하고 있는 교통의 중심지라 할 수 있기 때문이다.

충청북도의 주요도시를 잇는 충북선철도와 충청내륙고속화도로가 있어 충북의 중심지이자 교통요충지로 손색없는 곳이다.

경부고속도로와 중부고속도로가 만나는 남이분기점이 있어 편리성이 높다. 경부고속도로에 남청주나들목, 청주나들목이 있고 중부고속도로엔 서청주나들목과 오창나들목, 증평나들목이 있다. 당진영덕고속도로(문의청남대나들목)의 개통으로 영남권과의 접근성이 높다.

아산청주고속도로(서오창나들목)가 지난 2018년 1월 개통했고 추후 세종포천고속도로의 오송지선이 개통할 예정이다. 세종청주고속도로는 예비타당성조사 면제사업으로 건설될 예정이다.

교통 환경과 더불어 경제 환경도 주목할 사안.

청주시 지역 내 총생산액(GRDP)은 광주광역시, 대전광역시와 비슷한 수준을 유지하고 있기 때문이다. SK하이닉스, LG화학, 삼성SDI 등 대기업 사업장과 지역 내 중소기업들이 대거 입주해 공업도시로 진화 중이다. SK와 LG가 지역에 미치는 영향력이 곧 지역잠재력으로 연동, 연계할 곳이 청주시다.

항공산업전문단지인 에어로폴리스도 건설 예정이며 오송역세권개발사업의 일환으로 건설 중인 오송컨벡스가 있다.

• 청주 에어로폴리스지구 - 청원구 내수읍 일대에 조성

오송역세권개발사업 - 경부고속선과 호남고속선의 분기역인 오송역이 생기면서 오송생명과학단지와 함께 역세권개발사업이 진행, 시행되고 있다.

• **오송컨펙스** - 오는 2024년 개관하는 전시장

전시장 위치와 용도 : 흥덕구 오송읍 만수리 275-7번지 일대

(면적 - 4,000㎡)

용도지역 - 도시지역(2018-11-21)

일반상업지역

상업용지(건폐율80%이하, 용적률1000%이하, 건축한계선 3미터, 5미터)

지구단위계획구역(오송생명과학단지)

국가산업단지(오송생명과학단지)

청주의 랜드마크라 할 3,797,857㎡ 규모의 청주테크노폴리스 일반산업단지는 흥덕구 강서동 일대에 들어서는 산업단지다. 기업과 주거가 함께 잇는 복합도시를 강한 원동력으로 대한민국에서 2번째로 조성되는 테크노폴리스다. 공사기간은 2007~2024년이다(1공구 : 2007~2017 2공구 : 2007~2020 3공구 : 2007~2024)

오창과 오송은 정부 주도로 계획된 산업 및 연구단지를 기반으로 한 신도시로 오송은 현재 오송제2생명과학단지가 정중리 봉산리 일대에 개발 중이다. 대규모 아파트단지가 입성할 예정이다. 내수읍, 오송읍 일대에는 충북경제자유구역이 개발 중이며 내수읍 일대엔 공항신도시가 건설될 계획이다.

'서충주신도시' 가 있는 충주시의 가치는?

충북 제2의 도시인 충주시는 충북에서 면적이 가장 넓다. 음성군과 진천군을 합쳐놓은 면적보다 더 넓고 청주시와 증평군을 합친 면적과 비슷하다. 충주의 미래가치는 택지개발(호암 및 안림지구)과 기업도시 활성화, 그리고 국가산업단지의 개발을 통해 감지가 가능하다. 인구유입 유도가 가능한 것이다. 중부내륙고속도로가 남북으로 관통하고 평택제천고속도로가 동서로 달리고 있어 지역입지와 접근도가 양호하다. 중부내륙선과 충북선 철도가 지나간다.

• **평택제천고속도로**(127km) – 기점 : 경기도 평택시 청북읍 고잔리,
   종점 : 충북 제천시 금성면 월림리
  주요경유지 : 평택~안성~충주~제천

• **중부내륙선**(56.9km) – 기점 : 부발역, 종점 : 충주역
  2021. 12.31 : 부발~충주구간 개통
  2024. 12 : 충주~문경구간 개통예정

• **충북선**(113km) – 기점 : 세종특별자치시 조치원역

종점 : 충북 제천시 봉양역

조치원역에서 경부선, 봉양역에서 중앙선과 접속하며 제천역과 연결돼 태백선과도 연동이 가능하다. 제3차 국가철도망 구축계획에 조치원~봉양 간 고속화사업이 계획돼있다. 2019년 예비타당성조사 면제대상 사업에 포함됐다.

평택제천고속도로 개통으로 충주나들목, 북충주나들목, 서충주나들목, 동충주나들목을 집중적으로 구축할 수 있었다.

충주 경제 미래를 책임지는 건 역시 기업도시의 활약과 영향력이다. 중부내륙고속도로와 평택제천고속도로 등의 영향으로 충주지식산업단지, 충주메가폴리스 일반산업단지, 충주첨단산업단지 등의 개발이 가능해질 수 있었다.

충주에 공장이 있는 주요기업으로는 유한킴벌리, 동화약품, 롯데주류, 현대모비스 등이 있다.

충주는 지난 2019년 5월 현대엘리베이터가 충주로 이전하면서 진화의 기능을 장착할 기회를 취득했다. 기존의 충주 1~4일반산업단지와 인접, 5일반산업단지에 본사와 공장을 이전해 지역혁신의 발판을 마련한 것이다.

• **기업도시 및 첨단산업단지** : 롯데주류 클라우드, 코오롱 생명과학, 서울식품공업, 세아그룹, 현대엘리베이터(지난 2022년 2월 목행용탄동 일대에 입주)

철도는 충북선과 중부내륙선이 충주지역의 중추적 역할을 하고 있는 실정이다.

충북선 : (음성군)~주덕역~충주역~(제천시)

중부내륙선 : (음성군)~양성온천역~충주역

충주의 미래는 무조건(!) 서충주신도시의 가치다!
발전가능성의 다양성 때문에 하는 말.

• **서충주신도시** = 메가폴리스산업단지+기업도시+충주첨단산업단지

개발규모는 10.8㎢로 중부권 최대 규모다. 개발 수혜지는 주덕읍, 대소원면, 중앙탑면 일대다.

'기업도시+첨단산업단지+메가폴리스'는 '서충주신도시'로 재탄생하며 단일 브랜드로 명명한 상태다.

신도시개발은 지역주민의 지상명령, 지상과제다. 서충주신도시는 서울 중구보다 크고 원주기업도시 규모보다 2배 크다. 수도권에서 1시간, 전국에선 2시간 거리로 접근도가 높다. 지역친화력이 강하다.

청주국제공항, 중부내륙고속도로 등의 입체적 교통체계를 확보한 상태다. 더불어 동서고속도로 중부내륙철도 등의 광역교통망 확충 계획도 가지고 있다. 북쪽의 북청주나들목과 남쪽의 충주나들목이 위치해 있어 연계성이 탁월하다.

입주현황 – 충주기업도시(대소원면 완오리 일대의 롯데칠성음료 등 18개사 입주)
충주첨단산업단지 입주업체 54개사
충주메가폴리스 입주업체는 총49개사

충주기업도시의 시행자 – 충주기업도시㈜
수혜지는 주덕읍, 대소원면, 중앙탑면 일대다.

첨단산업단지의 시행자 – 한국토지주택공사
수혜지는 대소원면 본리와 완오리 일대다.

메가폴리스 산업단지의 시행자 – 충주메가폴리스㈜

수혜지는 대소원면 영평리 일대다.

전라북도 숙원사업 뒤에
군산+김제+부안이 있다

부동산 관련 '설치'와 '유치'의 의미는 상이하다.

예) 설치 – 대형사업(국책사업)

유치 – 대형행사(평창동계올림픽)

강원도민들의 염원이었던 평창동계올림픽개최는 '유치'의 의미를 담고 있고 전북도민들의 염원인 새만금사업은 '설치'와 관련 있다.

전북의 숙원사업 – 전북새만금특별자치도 설치 (제주처럼 섬의 이점을 최대로 살려 지역특성을 강화하는 사업. 제주처럼 관광1번지가 될 수 있다. 제주와 달리 수도권과의 접근성이 매우 높다는 점이 큰 강점. 향후 개발이 완성되면 제주와 관광라이벌 구도를 그리지 않을까 싶다. 역시 끈기와 인내력을 동원해 묵묵히 기다리는 게 투자자와 지역주민들의 바른 자세가 아닐까 싶다)

전라북도는 도 단위의 행정구역으로는 최초로 연구개발특구를 조성했고 새만금개발사업의 중심지역으로 명성도를 높이고 있는 곳이다. 강원도, 충청북도, 제주특별자치도와 함께 광역시를 설치하지 못한 도(道) 중 한 곳이기도 하다.

광대한 평야를 보유하고 있지만 간척을 통해 농지를 확장하려는 노력이 지속적으로 이뤄지고 있어 김제의 광활간척지, 부안의 계화도 간척지 등이 조성됐다.

1991년부터 시작된 새만금간척사업은 2010년 방조제가 완성되면서 1단계가 완성된 지경.

SNS의 대중화, KTX전라선 개통, 먹방 열기에 힘입어 2010년부터 관광산업이 부흥하게 됐고 그 수혜지가 바로 전주와 군산일대인데 전주는 한옥마을을 모토로 관광인구 유입에 성공했고 군산은 근대문화유산을 통해 관광수요를 대거 흡수할 수 있었다.

군산, 김제, 부안이 연동하고 있는 새만금은 2010년 새만금방조제 완공과 더불어 2019년 도민 숙원사업이었던 새만금국제공항 건설 확정이라는 쾌거를 이뤘다. 더불어 '2023새만금세계잼버리' 유치와 '새만금 재생에너지 클러스터' 조성(설치)이 확정됐다. 지역경제 활성화를 기대할 지경.

전라북도의 숙원사업은 새만금특별자치도를 설치한다.

투자가치는 그 수혜지인 군산, 김제, 부안의 지역특질을 통해 인지할 필요가 있다.

인구 262,819명(2022.10현재)인 군산시는 지역라이벌인 부안군(50,217명)과 김제시(81,205명)보다 많다. 면적(397㎢)은 부안군(493)과 김제시(545.8)보다 작지만 인구밀도는 675명/㎢로 부안군(103)과 김제시(148)보다 훨씬 높다.

군산시는 호남지역에서 충남 방면의 버스노선이 가장 많은 도시이며 항구가 인접한 관계로 공업이 발달한 곳이다. 울산, 광주와 함께 자동차산업의 핵심지역이자 중심지다.

예) 타타대우상용차(소룡동), 두산인프라코어 생산공장, 현대중공업, 세아베스틸 등이 밀집해 있다. 화학업체인 OCI공장도 있다.

지난 2018년 4월 동군산병원 인근의 신시가지인 디 오션시티(대규모 복합도시로 새만금 핵심배후단지로 조성)에 롯데몰, 롯데시네마 직영관이 입점했는데 이는 전북 최초이자 최대다.

군산시 대부분의 관광지는 구도심에 몰려 있다. 고군산군도, 새만금, 은파유원지를 제외하곤 모두 구도심인 해신동, 월명동일대에 있다.

고군산군도는 신시도, 무녀도, 선유도, 장자도를 중심으로 한 군도다. 새만금방조제가 신시도로 연결됐고 무녀도와 선유도를 거쳐 장자도까지 연결하는 연륙교가 2017년 개통돼 접근도가 높아졌다.

새만금방조제를 통해 군산항과 고군산군도, 부안군의 변산반도가 바로 연결된다.

군산시엔 상아탑도 풍부한 편이다.

예)
군산대학교(미룡캠퍼스, 새만금캠퍼스)
전북대학교 새만금캠퍼스
호원대학교(임피면 일대)
군산간호대학교(개정동)
군장대학교(성산면 도암리 일대)

변산반도(변산반도국립공원)가 지역 랜드마크인 관광1번지 부안군은 새만금방조제를 통해 군산시 고군산군도와 연결된다.

서해안고속도로가 부안군 동부를 남북으로 관통하며 부안나들목과 줄포나들목이 있다.

부안은 전북에서 군산 다음으로 수산업 종사자가 많은 곳이다.

김제시는 전라북도의 3대 도시인 전주, 익산, 군산에 둘러싸여 있다.

김제 서쪽으로는 서해안고속도로가 관통하고 중앙으로는 호남선철도가 관통한다. 동쪽으로는 호남고속도로가 남북으로 가로지른다.

김제에서 교통량이 가장 많은 도로는 국도가 아닌 지방도다.

716번 지방도는 전북혁신도시와 전주 신시가지를 바로 연결하는 도로이다. 호남고속도로 서전주나들목을 연결하기 때문에 통행량이 가장 많다. 추후 김제시를 경유하는 새만금포항고속도로가 2024년 완공될 예정이다.

• 새만금포항고속도로(161km) – 전라북도 김제시와 경상북도 포항시를 연결하는 횡측 간선고속도로다.

전 구간 개통 시 전북과 경북이 하나로 이어진다. 새만금~상관분기점은 오는 2024년 개통예정이다.

새만금 동서2축도로가 김제시 2호 방조제까지 연결될 예정이다.

무안군과 목포시는 전라남도가 자랑하는 지역 랜드마크

전라남도 도청소재지인 무안군은 전남에서 인구가 가장 많은 군이다. 전남도청은 군 최남단의 삼향읍 남악신도시에 위치해 있다.

• **남악신도시**(면적~14.6㎢) - 전남 목포시 부주동, 옥암동, 삼향동과 무안군 삼향읍 남악리 일로읍 오룡리 일대에 분포한 갯벌 일대를 간척해 조성한 도청신도시

　호남선 철도가 군 외곽을 가로지르며 임성리역, 일로역, 몽탄역, 무안역이 있다. 고속도로는 서해안고속도로(일로나들목, 무안나들목)와 무안광주고속도로(무안공항나들목, 북무안나들목)를 이용할 수 있다.

• **무안광주고속도로**(41km) - 기점 : 전남 무안군 망운면 무안공항나들목
종점 : 광주 광산구 운수동 운수나들목
주요경유지 : 무안~나주~광주
이 도로 덕분에 목포, 무안, 함평군의 접근도가 높다.
누가 뭐래도 무안이 본격적으로 외부에 알려진 건 무안국제공항이라는

지역 랜드마크 때문이다. 개항 당시 지역의 교통 혁명이었을 것으로 지레 짐작된다.

지난 2007년 11월8일 개항한 무안국제공항은 전남 무안군 망운면 피서리 일대에 있는 호남권 유일의 국제공항으로 향후 KTX와 SRT 통해 이용할 수 있게 된다. 호남고속철도 2단계 사업 중 무안공항역 신설이 확정된 상태다. 개통 시 익산, 정읍, 광주송정, 나주, 목포에서 이용이 용이해진다. 개통과 동시에 광주공항의 기능이 무안국제공항으로 이관될 예정이다. 망운면 일대에 있는 무안국제공항은 광주와 목포의 항공 수요를 책임지고 있다.

무안국제공항~무안광주고속도로~함평분기점~서해안고속도로~목포시
무안국제공항~무안광주고속도로~광주광역시

무안군엔 대전조차장역~목포역까지 가는 호남선이 지나간다. 목포역으로 가서 기차 타는 경우가 많다.

• **호남선** : (함평군)~무안역~몽탄역~일로역~(목포시)

목포시는 비수도권이지만 인구밀도(4,234명/㎢)가 높은 편이다. 군산, 여수와 더불어 호남의 3대 항구 중 하나다. 호남선 철도의 종착역이자 서해안고속도로의 시점으로 호남권 교통의 시발점이다.

면적이 서울 서초구나 수원 권선구와 비슷해 인구밀도가 높다. 비수도권에서 가장 면적이 작은 시다. 전국적으로는 경기 구리시, 과천시, 군포시, 광명시, 오산시에 이은 6번째로 좁은 시다. 특이한 것은 좁은 수도권과 광대한 비수도권의 대비라는 사실이다.

현재 임성리~보성 간 경전선 공사가 진행 중이다. 개통되고 나면 목포

와 부산 간 소요시간이 대폭 줄어들 것이다. 1번 국도가 시작되고 2번 국도가 지나는 곳이 목포다. 1번 국도는 고하도 목포신항에서 시작되며 목포대교와 고하대로를 거쳐 무안으로 넘어간다.

• 목포대교 – 목포대교 개통 이후 서해안고속도로 목포나들목에서 신항까지의 소요시간이 60분에서 20분으로 단축됐다.

목포나들목은 과거 서해안고속도로 1번이었다.

목포시 대양동과 무안군 삼향읍 유교리 경계에 걸친 나들목으로 목포시와 무안군의 경계 역할을 한다. 지난 2012년 목포대교가 개통돼 시의 서부(북항)와 목포신항, 대불산단이 직접 연결됐다.

전남 서남부지역의 무안반도 남단에 있는 목포시의 도시 생활권은 원도심과 하당신도심, 그리고 남악신도시로 분류할 수 있다.

• 하당신도시 – 2008년 전국 최초로 원도심 활성화 조례로 제정됐다. 1990년대 이후 목포시는 구시가지를 대체할 신시가지 건설을 시작했다. 목포시 인구 절반이 하당신도시에 거주하고 있다. 병원과 문화시설, 대학, 대형마트, 금융기관 등이 밀집돼있는 목포 시민의 생활 중심지이기 때문이다.

목포 경제에 활력이 되는 요소는 대불산업단지와 현대삼호조선소이다.

대불산단은 영암에 있지만 바로 수출할 신외항이 마련돼있다. 신외항에 있는 목표신항은 최초의 민자부두로 그 효용가치가 높다.

부록

서해안의 무서운 성장 동력은 인구의 변화나 그 집중도, 그리고 관심도로부터 발현, 포효하는 법!

서해안에 포함된 각 지자체지역의 개성은 소중한 가치다. 그 가치를 외모(규모–하드웨어)를 통해 모든 사안들을 판단하거나 표출 할 수는 없지만 가치판단(결단력의 원자재)에 필요한 수단의 도구가 될 수는 있다.

각 지역의 인구규모나 인구밀도, 그리고 면적이 궁금한 이유다.

지역 크기와 인구 상황(현재가치)을 통해 미래가치를 관철하는 건 투자자 입장에선 당연히 해야 할 임무! 그 모토 자체가 지역발전의 표상이 될 수 있을 것이다.

수도권, 충청권, 호남권의 인구밀도와 면적 순위

수도권의 특징과 충청 및 호남권의 특징은 판이하다.

면적상태와 인구상황, 그리고 인구밀도, 입지 등에서 많은 차이점을 보일 수밖에 없기 때문이다. 언어(방언)나 지역특산물 등의 차이가 지역특질의 차이로 점화되기도 한다.

수도권은 인구밀도가 높고 충청 및 호남권의 경우 여유 공간이 풍부하다. 수도권정비계획법과 무관한 공간을 사용 중이기 때문이다. 지나치게 집중돼있는 포화상태의 수도권 대신 충청 및 호남권을 새로운 투자공간으로 만들고자 한다면, 먼저 알아볼 게 있다.

면적상태와 인구밀도상황을 점검한 후 각자 자신의 입맛에 맞는 투자 공간을 확보해 두는 건 어떨까 싶다. 단순히 언어나 특산물 등을 통해 투자처를 알아보는 것보단 낫지 않을까 싶다.

다만 인구, 면적 등은 공부(토지이용계획확인서)의 특질과 같아 절대적이지

않다는 점을 명심해야 할 것이다. 즉 면적이 넓고 인구규모가 크다고 무조
건 최고의 가치는 아니라는 것이다.

마치 도시지역 자연녹지지역이 모두 최고의 미래가치를 가진 게 아닌
것처럼 말이다.

참고로 응용, 적용한다는 생각으로 접근하는 게 무난할 것이다. 지역진
화의 도구임엔 틀림없지만 절대적이지는 않은 것이다. 상황성과 변수를
절대로 무시할 수 없기 때문이다.

17개 시,도 광역자치단체의 인구밀도 순위(단위-명/㎢)		
1위	서울특별시	15,688
2위	부산광역시	4,336
3위	광주광역시	2,865
4위	인천광역시	2,772
5위	대구광역시	2,687
6위	대전광역시	2,685
7위	경기도	1,332
8위	울산광역시	1,051
9위	세종특별자치시	817
10위	제주특별자치도	365
11위	경상남도	314
12위	충청남도	256
13위	전라북도	221
14위	충청북도	215
15위	전라남도	147
16위	경상북도	137
17위	강원도	91

경기도 기초자치단체의 인구밀도 순위(단위-명/㎢)		
1위	부천시	14,998
2위	수원시	9,790
3위	안양시	9,403
4위	광명시	7,546
5위	군포시	7,441
6위	성남시	6,547
7위	구리시	5,774
8위	의정부시	5,620
9위	오산시	5,400
10위	안산시	4,483
11위	고양시	4,035
12위	시흥시	3,668
13위	하남시	3,091
14위	의왕시	3,032
15위	과천시	1,922
16위	용인시	1,820
17위	김포시	1,758
18위	남양주시	1,602
19위	평택시	1,254
20위	화성시	1,056
21위	동두천시	976
22위	광주시	903
23위	양주시	758
24위	파주시	686
25위	이천시	498
26위	안성시	342
27위	여주시	184
28위	포천시	178
29위	양평군	138
30위	가평군	73
31위	연천군	63

서해안 골든벨트에 내 땅을 찍어라!

인구밀도와 지역집중도 및 관심도는 정비례한다. 인구밀도는 인구증가 현상 그 이상으로 큰 의미를 부여하고 있다. 인구밀도를 통해 지역의 희소 성을 감지할 수가 있다. 인구집중도가 높으면 부동산가격이 상승하는 건 당연지사다.

요컨대 경기도의 인구밀도는 여지없이 인구규모와 인구증가세와 직결 된다. 투자가치와도 연결된다. 투자가치의 반대어는 '힐링가치'다. 경기도 군 단위에서 그 의미(대자연의 가치)를 되찾고자 한다(29위~31위). '인구밀도'가 투자가치를 정할 때 절대적이지는 않으나 참고로 응용할 필요는 있다.

2022년 7월 현재, 경기도 기초자치단체의 인구 순위(단위-명)		
1위	수원시	1,185,041
2위	고양시	1,078,975
3위	용인시	1,076,530
4위	성남시	927,340
5위	화성시	894,587
6위	부천시	801,503
7위	남양주시	734,033
8위	안산시	649,776
9위	평택시	570,868
10위	안양시	549,827
11위	시흥시	512,455
12위	파주시	486,515
13위	김포시	485,882
14위	의정부시	464,358
15위	광주시	389,483
16위	하남시	323,558
17위	광명시	290,294
18위	군포시	267,294
19위	양주시	236,120
20위	오산시	229,918
21위	이천시	222,997

22위	구리시	189,804
23위	안성시	189,772
24위	의왕시	161,696
25위	포천시	148,939
26위	양평군	121,364
27위	여주시	112,558
28위	동두천시	93,189
29위	과천시	78,414
30위	가평군	62,247
31위	연천군	42,721

인구규모가 크다고 반드시 인구가 증가하고 있는 건 아니다. 규모가 작더라도 증가하고 있는 곳도 있기 때문이다. 예를 들어 하남시나 오산시의 경우 면적은 좁지만 인구밀도나 인구증가세가 뚜렷한 지역의 작은 거인이다.

경기도의 강점은 지속적인 인구증가현상이 일어나고 있다는 점이다. 단기간 내 인구변화현상이 일어나고 있다.

2022년 10월 현재의 경기도 인구상황(단위-명)		
1위	수원시	1,189,654
2위	용인시	1,076,369
3위	고양시	1,074,784
4위	성남시	920,667
5위	화성시	904,267
6위	부천시	792,561
7위	남양주시	737,352
8위	안산시	644,583
9위	평택시	576,192
10위	안양시	548,372
11위	시흥시	512,168
12위	파주시	493,938
13위	김포시	484,071
14위	의정부시	463,324

15위	광주시	391,722
16위	하남시	324,674
17위	광명시	288,366
18위	군포시	266,735
19위	양주시	239,697
20위	오산시	229,821
21위	이천시	224,077
22위	안성시	189,475
23위	구리시	189,008
24위	의왕시	160,563
25위	포천시	147,171
26위	양평군	122,613
27위	여주시	113,027
28위	동두천시	91,980
29위	과천시	77,818
30위	가평군	62,219
31위	연천군	42,240

　　단기간 내 인구변화현상이 일어난 지자체가 화성 평택 등 12개 지역으로 인구급증현상이 일어났다. 특히 파주와 김포는 대도시 등극을 눈앞에 둔 지경이다. 고양과 용인특례시는 순위 다툼이 심한 지역라이벌관계로 순위가 수시로 뒤바뀌고 있다.

　　장기간 울산광역시 수준의 인구규모를 보지하고 있는 수원특례시는 부동의 1위를 고수 중이다. 그 이유가 아마 나날이 높아지고 있는 광교신도시의 위용과 관련이 깊지 않을까 싶다.

　　경기도의 잦은 인구이동현상으로 인해 가격이동현상도 자주 일어나고 있다. 투자자가 급증하는 이유다. 거품이 수반되는 이유다. 거품을 피해 지방으로 이동하는 인구가 목도되는 이유가 되기도 한다.

경기도 기초자치단체의 면적 순위(단위—㎢)		
1위	양평군	877.65
2위	가평군	843.69
3위	포천시	826.96
4위	화성시	698.19
5위	연천군	676.32
6위	파주시	672.23
7위	여주시	608.30
8위	용인시	591.26
9위	안성시	553.42
10위	이천시	461.42
11위	평택시	458.24
12위	남양주시	458.12
13위	광주시	430.99
14위	양주시	310.39
15위	김포시	276.61
16위	고양시	267.31
17위	안산시	155.73
18위	성남시	141.63
19위	시흥시	138.66
20위	수원시	121.03
21위	동두천시	95.66
22위	하남시	92.99
23위	의정부시	81.54
24위	안양시	58.47
25위	의왕시	53.99
26위	부천시	53.45
27위	오산시	42.71
28위	광명시	38.53
29위	군포시	36.42
30위	과천시	35.87
31위	구리시	33.33

투자자가 알아야 할 건 수도권엔 인구집중도와 인구밀도에 관심을 갖고 비수도권에 접근할 땐 인구상황에 집착할 이유가 없다는 것이다. 왜냐, 어차피 오래 전부터 수도권에 인구가 집중된 상태이기 때문이다. 당장 지역적 DNA를 바꿀 수는 없다.

지방에서의 인구상태에 집중하는 건 큰 의미가 없으므로 지방으로의 접근할 땐 '힐링'이 모토가 된 상태에서 움직이는 투자가 돼야 할 것이다. 예컨대 섬에 투자할 때는 유동인구를 봐야지 상주인구에 집중하는 모습은 보기에 안 좋다. 소모전을 하는 것이기 때문이다.

핵심 포인트를 잃은 투자는 보기에 안 좋다. 수도권 땅의 핵심 포인트는 인구의 진화이고, 충청권 등 비수도권의 투자의 핵심은 바로 '여유와 치유'다! 이런 정신자세로 지방으로 접근하면 후회하지 않는 만족스런 투자의 기행이 될 것으로 확신한다.

충청남도의 면적 순위(단위-㎢)		
1위	공주시	868
2위	서산시	742
3위	당진시	705
4위	천안시	635
5위	부여군	624
6위	보령시	586
7위	금산군	577
8위	논산시	555
9위	아산시	542.80
10위	예산군	542.65
11위	태안군	515
12위	청양군	479
13위	홍성군	446
14위	서천군	366
15위	계룡시	60

수도권 대비 면적이 광대해 개발할 땅에 여유가 있다. 생기발랄하다. 수도권은 복잡하다. 규제1번지다. 그런 면에서 충남지역에서 투자를 하는 게 정서적으로나 경제적으로 여유가 넘칠 것이다.

계룡시를 제외하곤 모두가 여유 공간이다. 인구밀도도 마찬가지 입장. 천안을 제외하곤 모두가 여유로워 지방의 특징을 외면하지 않았다.

충청남도의 인구밀도 순위(단위-명/㎢)		
1위	천안시	1,035
2위	계룡시	705
3위	아산시	611
4위	당진시	236.7
5위	서산시	236
6위	홍성군	223
7위	논산시	210
8위	보령시	166
9위	예산군	144
10위	서천군	137
11위	태안군	119
12위	공주시	118
13위	부여군	101
14위	금산군	87
15위	청양군	63

충청북도의 인구밀도 순위(명/㎢)		
1위	청주시	902
2위	증평군	444.6
3위	충주시	212.9
4위	진천군	201.7
5위	음성군	177
6위	제천시	150
7위	옥천군	92.9
8위	보은군	54

9위	영동군	53.7
10위	괴산군	44
11위	단양군	35.9

충청북도의 면적 순위(km²)		
1위	충주시	983
2위	청주시	940.8
3위	제천시	883
4위	영동군	846
5위	괴산군	842
6위	단양군	780
7위	보은군	584
8위	옥천군	537
9위	음성군	520
10위	진천군	407
11위	증평군(1읍 1면)	81.8

전라북도의 면적 순위(단위-km²)		
1위	완주군	821
2위	진안군	789
3위	남원시	752
4위	정읍시	693
5위	무주군	631
6위	고창군	607
7위	임실군	597
8위	김제시	545
9위	장수군	533
10위	익산시	506
11위	순창군	495
12위	부안군	493
13위	군산시	397
14위	전주시	206

전라북도의 인구밀도 순위(명/㎢)		
1위	전주시	3,193
2위	군산시	675
3위	익산시	547
4위	정읍시	152
5위	김제시	148
6위	완주군	110
7위	남원시	104
8위	부안군	103
9위	고창군	87
10위	순창군	54
11위	임실군	44
12위	장수군	40
13위	무주군	37
14위	진안군	31

전라남도의 면적 순위(㎢)		
1위	해남군	1,044
2위	순천시	910
3위	고흥군	870
4위	화순군	787
5위	보성군	664
6위	신안군	655
7위	장흥군	622
8위	영암군	612
9위	나주시	608
10위	곡성군	547
11위	장성군	518
12위	여수시	512
13위	강진군	500
14위	영광군	474
15위	광양시	464
16위	담양군	455
17위	무안군	445

18위	구례군	443
19위	진도군	440
20위	완도군	396
21위	함평군	392
22위	목포시	51

목포 인구밀도는 전남지역에서 1위. 그러나 면적은 22위로 가장 좁다.

전라남도의 인구밀도 순위(명/㎢)		
1위	목포시	4,234
2위	여수시	537
3위	광양시	326
4위	순천시	309
5위	무안군	204
6위	나주시	191
7위	완도군	121
8위	영광군	109
9위	담양군	101
10위	영암군	86
11위	장성군	83
12위	화순군	79.60
13위	고흥군	79.29
14위	함평군	79.26
15위	강진군	69
16위	진도군	68
17위	해남군	64
18위	장흥군	60
19위	보성군	59
20위	신안군	58
21위	구례군	56
22위	곡성군	50

* 도청, 시청, 군청 홈페이지 참조

맺음말

이 책의 마무리 단계를 밟으면서 이 책을 읽는 여러분의 마음은 어떨까 무척 궁금하다. 필자 마음이 얼마나 어디까지 전달됐을까 궁금하다. 전달 범위와 그 감도가 몹시 궁금한 것이다. 마음속에 있는 여러 가지 것들을 글로 표출하기란 역부족인 것 같다. 토지투자는 소통인데 말이다.

일단(!) 책이 소통의 도구인 셈이다.

성공적인 투자를 바라는가. 성공하기 위해선 공동체들과 지속적으로 소통하며 정보 유입량을 늘려나가야 한다. 정확한 정보량은 나의 품격 성장을 적극적으로 돕기 때문이다. 성장 중에 내 돈 그릇이 저절로 커질 수 있다는 확신과 희망을 직접 느낄 수 있을 것이다. 필자는 커진 돈 그릇만큼 돈이 채워질 것이라 확신한다.

카카오오픈톡방을 만들어 모두가 소통하고 전국 토지뉴스와 개발현장들을 공유하다 보면 독자들의 돈 그릇은 자연히 커지기 마련이다. 바쁘다는 이유로 독자들과의 소통이 쉽지 않았지만 새로운 툴들로 소통이 용이해졌다. 대한민국의 많은 투자전문가들은 나름대로의 투자방법을 내놓고 있다.

투자자의 임무가 있다. 나와 상황이 맞는 투자방법을 안내해주고 있는 고수가 누구인지를 선별할 줄 아는 안목부터 키워나가야 할 것이다. 출구전략 없는 땅투자는 실패의 늪으로 가는 것이기 때문이다.

이 책의 핵심은 '곧바로 실전'이다. 현지답사를 꾸준히 함께하며 땅 보는 안목을 스스로 수시로 키워나가야 한다. 준비하라!

현장에서 배우는 권리분석은 그 의미가 크다. 소중한 경험이다. 많은 이들이 토지를 공부하지 않는 이유는 무엇일까.

'내 것이 되겠어?' '나는 돈이 없어' 스스로 투자를 포기하는 습성을 일단 버리자. 돈길을 스스로 막는 행동을 하지 말자는 것이다.

이 책이 세상에 나가면서 생길 수 있는 몇 가지 사안을 적어보겠다.

1. 예전에 미처 몰랐던 개발이슈들이 새롭게 알려지면서 투자에 관한 새로운 호기심이 발동할 것이다.

2. 정부에서 조용히 진행하려던 사업들에 경종을 크게 울릴 수 있을 것이다. 대중들이 발 빠르게 그 길목을 기다리는 현상이 발생 할 수가 있기 때문이다.

3. 현지 땅주인들에게 이야기들이 전해지면서 이 책에 공유된 지역들의 매물이 급하게 사라질 것이다. 물건 인기가 하늘을 찌를 것이다. 매물의 희소가치가 날로 높아질 것이다. 희소가치는 투자가치와 반드시 비례한다.

이 책은 앞으로 10년 간 이슈가 될 만한 지가상승 호재들을 리얼하게 담았다. 투자자입장에선 선점의 중요성을 다시금 견지해야 한다. 하나의 호재로 인해 주변 지가에 미치는 영향력은 무엇인지 바로 인지하라! 지가

상승과 어떤 연관성을 가진지를 통찰력을 통해 선점하라!!

땅에 대한 통찰력을 확장하고 싶다면《난생처음 토지투자》책이나 에너지버스(www.ebus.biz)를 활용하기 바란다.

여러분들과 소통할 도구들은 다음과 같다.

- **커뮤니티** 네이버 카페/블로그, 유튜브
- **강좌** 토지강좌, 토지전문컨설턴트, 답사브리핑마스터 등
- **자격증** 토지권리분석사 민간자격증
- **기타 강좌** 부자캠프, 돈 버는 컨닝페이퍼, 1인 지식창업, 돈 버는 책쓰기
- **개인프로레슨** 전문투자자양성, 전문에이전시&컨설턴트양성, 카라반사업자양성
- **컨설팅** 토지매입매도전략,개발전략, 수익전략, 건축전략
- **돈워리돈걱정프로젝트** 돈이 저절로 붙는 돈의 속성, 소액 땅투자 공동구매로 수익률 극대화, 카라반 월세 비법 공개

- **각종 문의** 백부클럽(100억부자클럽)

서해안 골든벨트에 내 땅을 찍어라!

제1판 1쇄 2023년 2월 7일

지은이 이라희, 김현기
펴낸이 최경선 **펴낸곳** 매경출판(주)
기획제작 ㈜두드림미디어
책임편집 이수미 **디자인** 얼앤똘비악earl_tolbiac@naver.com
마케팅 김성현, 한동우

매경출판㈜
등록 2003년 4월 24일(No. 2-3759)
주소 (04557) 서울시 중구 충무로 2(필동1가) 매일경제 별관 2층 매경출판㈜
홈페이지 www.mkbook.co.kr
전화 02)333-3577
이메일 dodreamedia@naver.com(원고 투고 및 출판 관련 문의)
인쇄·제본 ㈜M-print 031)8071-0961
ISBN 979-11-6484-521-7(03320)

매일경제신문사
같이 읽으면 좋은 책들

절세탈남 이상욱 세무사의
절세의 모든 기술
부동산 법인에 있다!

부자 멘토로도 직접 활용하고 성공할 수 있는
부동산 법인 A to Z

투자 초보자도
쉽게 따라 하는
부동산
대출의
기술

부동산 대출이 두려운 그대에게

오르는 땅은
이미
정해져 있다

100곳의 방을 사면 100곳이 오른다
1억을 종잣 모은 공부도 1년 안에서 오른 땅이라도
그 많이 비밀보유를 속속들이 밝힌다!

이것이 진짜
토지 개발이다

초보부터 고수까지
위기의 부동산 중개 탈출법
생각하는
공인중개사가
생존한다!

누구나 쉽게
부동산 중개업 잘하는 있는 법

신방수 세무사의
재건축
재개발
세무
가이드북
실전 편

부린이 탈출을 위한
부동산
투자입문서

대한민국 부동산 초보자가 꼭 알아야 할
돈 버는 투자의 정석

신晩의 재테크
GPL
아파트 담보대출로
매일매일 돈
벌어주는
남자

현명한 부동산 투자의 시작
숨어 있는
토지 개발로
10억
만들기

개발해서 돈 되는 땅은 따로 있다!

부자의 첫걸음
내 집 마련

부자 경매의 시작
알기 쉬운
특수 경매

신방수 세무사의
확 바뀐
부동산
매매사업자
세무 가이드북
실전 편

내 집 싸게 사는
최고의 방법

내 집 가치는 얼마나 될까?
작은 투자금으로 부동산 수익률을 최대화하자

서울시 공정경제과 활력박사가 알려주는
NEW
상가임대차
분쟁 솔루션

멈출 수 없는
UNSTOPPABLE
공간 개발의 미래과제와
부동산 투자의 새로운 시각

신방수 세무사의
주택임대사업자
등록말소주택
절세 가이드북

부동산 성공 투자의 시작
알기 쉬운
경매 실무

발품 팔면
성공이
보인다

RESTART
부동산 투자

극한직업
건물주

꼬마빌딩 건축

신방수 세무사의
확 바뀐
**상가
빌딩**
절세 가이드북

상가·빌딩 절세 모든 것이 총정리된다

우대방과 함께하는
**성공 부동산
중개사무소
창업**

창업비와 공칭파트의 부동산 중개 시장을 바꾼다

수익형과 차익형, 두 마리 토끼를 잡는
**지식산업센터
투자의
정석**

닥치고 현장!
소액자본으로
**부동산
부자되기**

신방수 세무사의
부동산 증여에
관한 **모든 것**

부자 경매의 시작
**알기 쉬운
기초 경매**

볼 줄 알고
읽을 줄만 알면
경매는 한다

라쿨과 함께 공부하는
**셀프 경매
바이블**

실전 사례로 풀어보는
**상가 셀프
경매의 정석**

닥치고 현장!
**부동산에
미치다**

부동산 투자의 답은 현장에 있다!

**빌라
투자
방정식**

DEVELOPER
부동산 투자의 제4물결
**디벨로퍼
경매**

부동산 슈퍼리치만 아는
투자 비밀

SUPER RICH

**월세
보증금으로
부동산 산다**
반값 생활 경매 솔루션

신방수 세무사의
**1인
부동산
법인**
하려면 제대로
운영하라!

대박나는 부동산 중개
**핵심
공인중개사
실무 교육**

실전사례로 알려주는
**부동산
경매·공매
특수물건
투자 비법**

거지였던 나는
**상가 투자로
32억
건물주**
가 되었다

공매 투자,
지금이 기회다

직장인도 따라 할 수 있는
별장펜션 창업

한 권으로 끝내는
토지 투자 성공공식

불황에도 매출 10배 올리는
상위
1% 공인중개사의 마케팅 비법

부동산 규칙 정기 불황에도 공인중개사들의
매출을 극대화 할 일할 수 있는 홍보구를 제시한다

GTX 시대, 부동산 투자 비법은 따로 있다
아파트는 살고 땅은 사라

토지 투자의 배우보산 진짜가 핀다
도선태에서 "대한민국 1%로 이는
실전 토지 투자 경험 바이블 탄생"

부동산 투자를 시작하기 전에 꼭 알아야야 할 실전 기술
부동산 상식을 돈으로 바꾸는 방법

대한민국에 있는 부동산 자산을
완전히 바꿀 수 있는 구체적인 방법

해외 부동산 투자, 나는 말레이시아로 간다

MALAYSIA

투자자에게 알려주고 싶은 부동산 블루오션

당신도 건물주가 될 수 있다!
원룸 마스터

원룸으로
공부하는 실제 누리다!

부동산 투자자, 계약자가 꼭 알아야 하는
부동산 실무 용어사전 1,000 法

부동산 계약 실무에 활용
배거지 많은 리고를 새용을 수 있도록 도와주는
부동산 거래의 핵심 단어 1,000개!

부자가 되기 위한 새로운 라이프라임
부자로 환승하라 머니트레인

부동산 투자, 이제는 지하철이 핵심이다!

부동산 투자 인사이트

고수가 알려주는 집값이 움직이는 원리
REAL ESTATE INVESTING INSIGHT

그는 어떻게
부동산 1인 창업으로 10억을 벌었을까?

부동산 투자의 솔직한 진실

공실, 연체, 사고, 분쟁으로부터의 보호막
돈 버는 주택임대 관리기법

주택임대관리업의
복잡하지만 관심집중받는 경영컬럼이다

10%대 수익률을 위한 최고의 부동산 재테크
P2P 투자의 정석

투자자와 대출자가 알아야 하는 P2P의 모든 것
저금리 시대, 높은 수익률을 보장하는 최고의 재테크!

동산으로 이룬 유의

잘 키운 아파트,
작은 월세 안 무섭다!

아파트 경매, 재면낱면이 인내다

매매 시세를 중심으로 살펴보는
대박 친 빌딩 투자의 비밀

실거래값의 취득와 공간의
형태도 토지, 왕세도 있지, 연예도 있지만
다양한 투자 방식, 빌딩의 성공 투자 방법을 투자 원칙을 제시한다

부자가 되기 위한 부동산 요리법
정준환의 부동산 레시피

전국 셰프가 전하는
부동산 맛있게 요리하는 법

요리를 하는 것처럼
부동산에에 악숙해지리라!

초보를 위한 취업과 창업 완벽 가이드
잘나가는 공인중개사의 비밀노트

한 권으로 정리한 단기 속성 실무전략

新 명품 토지 중개 실무

공인중개사뿐 아닌 일어야 하는 토지 중개 100분 100답

다양한 사례와 함께 살펴보는 실무 노하우

실속 없는 부동산 재테크다
돈 길 따라가는 부동산 투자

정보력과 실전 경험의 바탕이 된,
앞을 내다보는 부동산 투자 기법을 전수한다

부동산 계약·증여·상속·양도 꼭 찾아야 하는
부동산 세무 가이드북
Real estate
Tax
Guide Book
실전편
2019
개정세법 반영

개념부터 쉽게 배우는 부동산 필수 상식
돈 되는 부동산은 따로 있다

300채 땅아로운 베테랑 저자가 전하는
부동산 투자 비법

신의 한 수 금맥경매

주택 아파트 세무 가이드북 실전편

권리분석 완전정복으로 10년 안에 10억 벌기

대한민국을 움직이는 땅 투자 법칙 100

돈의 보감 평범한 샐러리맨, 투자 경매로 5년에 10억 벌다

나는 갭 투자로 300채 집주인이 되었다

토지 세무 가이드북 실전편

新 상가 투자 보물 찾기

상가 세무 가이드북 실전편

응답하라!! 위기의 부동산

나는 토지 경매로 금맥을 캔다

토지보상경매 실전활용

세무조사 실무 가이드북 실전편

야생화의 기초 경매

국토도시계획을 알아야 부동산 투자가 보인다

GLOBAL REAL ESTATE 해외 부동산 투자 & 개발 바이블

부동산 경매 대법원 판례집

유치권 깨트리는 法 지키는 法

울보멘토 야생화의 경매이야기

Perfect 퍼펙트 경매